Guida rapida a Kubernetes

2022

Nigel Poulton   @nigelpoulton

nigelpoulton.com

Informazioni su questa edizione

Prima edizione. Pubblicata nel 2022.

Buona lettura e divertitevi con Kubernetes!

Traduzione: Alessia Mazzarini <alessia@vgeek.it>
Revisione tecnica: Pietro Piutti <pietro@vgeek.it>

Grafica di copertina di **@okpaul**
twitter.com/okpaul

Informazioni sull'autore

Nigel Poulton (@nigelpoulton)

Ciao, sono Nigel. Vivo nel Regno Unito e sono un maniaco della tecnologia. In effetti lavorare con il cloud e i container per me è *il massimo della vita*!

L'inizio della mia carriera è stato fortemente influenzato da un libro di Mark Minasi intitolato *Mastering Windows Server 2000*. Subito dopo averlo letto, ho iniziato a voler scrivere dei libri miei che potessero cambiare la vita ad altre persone, esattamente come il libro di Mark aveva fatto con la mia. Da allora, ho avuto la fortuna di scrivere diversi libri di successo, tra i quali *Docker Deep Dive* e *The Kubernetes Book*. Ricevo talmente tanta soddisfazione dai feedback sui miei libri che mi entusiasma poter raggiungere e aiutare il maggior numero di persone possibile.

Sono anche autore di video corsi di successo su Docker e Kubernetes. I miei video sono famosi per essere divertenti, a volte (a detta di alcuni) al punto da far morire dal ridere.

L'elenco completo dei miei video si trova qui: `https://nigelpoulton.com/video-courses`

Sul sito Web, nigelpoulton.com, trovate tutti i miei libri, il mio blog, la newsletter settimanale e altre cose su cui sono impegnato al momento.

Quando non lavoro con i container e con Kubernetes, li sogno. Quando non li sogno, passo il tempo con la mia famiglia. Mi piacciono le *muscle car* americane, giocare a golf, i libri di fantascienza e tifo per il Sunderland (la squadra più forte del mondo, stiamo solo passando un brutto periodo al momento).

Sono sempre aperto al dialogo e alla ricerca di modi per migliorare i miei libri e video. Quindi contattatemi pure.

- twitter.com/nigelpoulton
- linkedin.com/in/nigelpoulton/
- nigelpoulton.com
- qskbook@nigelpoulton.com

A proposito dei traduttori

Alessia Mazzarini e Pietro Piutti

La traduzione italiana di Guida Rapida a Kubernetes è un lavoro a quattro mani di Alessia e Pietro, una coppia nella vita e nel lavoro che si divide tra l'Italia e la Spagna.

Alessia, che ha tradotto il testo dall'inglese, ha una laurea in Lingue, un master in Localizzazione e si sta specializzando nella traduzione di testi di informatica; in passato ha collaborato alla localizzazione della documentazione per la LibreOffice Foundation.
Pietro, che ha curato la revisione tecnica, è un Systems Engineer con esperienza ventennale in organizzazioni internazionali e con vendor IT prestigiosi; attualmente sta "migrando al cloud" completando il "refactoring" delle sue competenze ed è certificato CKA e CKAD.

Grati a Nigel per l'opportunità, sperano che il loro contributo possa aiutare la comunità italiana di utenti Kubernetes ad avvicinarsi a questa meravigliosa tecnologia

Sommario

Informazioni sul libro

Come rivela il titolo, questa è una guida rapida a Kubernetes. <u>Non vuole essere un manuale esaustivo su Kubernetes.</u> Affronta gli argomenti fondamentali e cerca di farlo nella maniera più chiara e coinvolgente possibile. Il libro contiene un buon mix di teoria e pratica.

A chi è rivolto il libro

A chiunque abbia necessità di aggiornarsi sui fondamentali di Kubernetes e voglia apprendere *facendo pratica*.

Ad esempio...

Se siete sviluppatori e avete bisogno di capire cosa sono i container e Kubernetes, questo libro è fatto per voi. Può esservi utile anche se siete specialisti in VMware, reti, storage, database e altre discipline tradizionali. Lo è ancor di più per quei manager IT e quegli architetti che hanno bisogno di capire i principi generali e acquisire un po' di esperienza pratica.

Di cosa tratta il libro

Vedremo *perché* esiste Kubernetes, *come* è fatto e *dove* vuole arrivare. Impareremo l'architettura di un cluster Kubernetes, come costruirlo, come creare un'applicazione basata su container, come farne il deployment e come metterla fuori uso. Infine vedremo come Kubernetes riesca a ripararla, renderla scalabile e aggiornarla.

Una volta "avviati" a Kubernetes, sarete pronti per i passi successivi. Trattandosi di una guida pratica, sarete aggiornati con pochissimo sforzo.

Farà di me un esperto?

No, ma ti farà iniziare il viaggio per diventarlo.

Saprò di cosa sto parlando dopo che avrò letto il libro?

Sì. Beh... per lo meno per quanto riguarda Kubernetes ;-)

Edizione in brossura

Un'edizione in brossura di alta qualità è disponibile su Amazon in tantissimi paesi e territori.

Edizione ebook e Kindle

Le copie elettroniche sono acquistabili su:

- Leanpub.com
- Amazon

Una nota sull'uso delle maiuscole

In tutto il libro, gli oggetti API Kubernetes hanno l'iniziale maiuscola. Wow, neanche abbiamo iniziato e già vi parlo per tecnicismi :-D

In parole povere, le *funzionalità* di Kubernetes come Pod, Servizi, Master e Nodi sono scritte con la prima lettera maiuscola. Questo per evitare di confondere i Nodi di Kubernetes con i nodi da marinaio.

E a proposito di gergo tecnico... il libro spiega ogni tecnicismo nella maniera più chiara possibile.

Commenti e suggerimenti

Se vi è piaciuto il libro e vi è stato utile, fatelo sapere in giro, raccomandatelo a un amico o lasciate una recensione su Amazon.

La sopravvivenza dei libri dipende dalle stelle e dalle recensioni di Amazon, sarebbe fantastico se poteste scriverne una. Potete lasciare una recensione su Amazon anche se avete comprato il libro da qualche altra parte.

Potete pure mandarmi due righe a qskbook@nigelpoulton.com.

L'applicazione di esempio

Visto che si tratta di un manuale pratico, il libro include un'applicazione di esempio.

Si tratta di una semplice applicazione Node.js disponibile su GitHub:

https://github.com/nigelpoulton/qsk-book/

A meno che non siate degli sviluppatori, non vi date troppa pena per l'applicazione e per GitHub. Il focus di questo libro è Kubernetes. Spiegheremo tutto quello che riguarda l'applicazione in parole molto semplici e non ci sarà bisogno di saper usare GitHub.

Se siete interessati, il codice dell'applicazione si trova nella cartella App e contiene i seguenti file.

- **app.js:** si tratta del file principale dell'applicazione. È un'applicazione web Node.js.
- **bootstrap.css:** è un modello di stile per la pagina web dell'applicazione.
- **package.json:** contiene l'elenco di tutte le dipendenze dell'applicazione.
- **views:** cartella per i contenuti della pagina web dell'applicazione.
- **Dockerfile:** questo file indica a Docker come costruire un'applicazione sotto forma di container.

Infine, per lo meno una volta all'anno, l'applicazione viene controllata alla ricerca di aggiornamenti del pacchetto e di vulnerabilità conosciute.

1: Che cos'è Kubernetes

L'obiettivo di questo capitolo è semplice... descrivere Kubernetes nella maniera più chiara possibile. Possibilmente senza farvi addormentare.

Essenzialmente, Kubernetes è un *orchestrator* di applicazioni *cloud native basate su microservizi*.

Forse un po' troppi paroloni per una frase così corta. Facciamo un passo indietro e spieghiamoli:

- Cosa sono i microservizi
- Cosa si intende per cloud native
- Cos'è un orchestrator

Cosa sono i microservizi

Una volta le applicazioni erano costruite come monoliti. O per dirla in maniera più semplice: *tutte le funzionalità delle applicazioni erano raggruppate insieme come un unico pacchetto*. Guardando la figura 1.1, si vede come l'interfaccia web, l'autenticazione, i log, l'archiviazione dati, la creazione di report... fossero tutte funzioni raggruppate insieme in un'unica mastodontica app. Inoltre questi ruoli erano strettamente interconnessi e di conseguenza, se si voleva modificarne una parte, era necessario modificare il *tutto*.

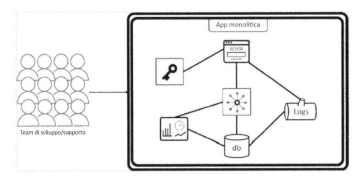

Figura 1.1

Ad esempio, se si voleva applicare una patch o aggiornare la funzionalità di reportistica dell'applicazione della figura 1.1, si era costretti a fermare l'intera applicazione e installare la patch/aggiornare il tutto. Un vero e proprio incubo. Un lavoro di questo tipo richiedeva una pianificazione meticolosa, comportava rischi e complessità enormi e di solito si eseguiva durante lunghi e noiosi weekend passati in ufficio consumando pizza e caffè in abbondanza.

Ma i dolori con le applicazioni monolitiche non finivano qui. Le stesse difficoltà si presentavano se si voleva rendere scalabile una qualsiasi loro parte. Garantire la scalabilità di una parte qualsiasi significava doverlo fare per l'intera applicazione.

In pratica, ogni funzionalità dell'applicazione veniva impacchettata, distribuita, aggiornata e resa scalabile come un'unità singola. È ovvio che non stiamo parlando di una situazione ideale.

> **Nota:** si tratta ovviamente di un esempio generico, non tutte le applicazioni erano implementate esattamente così. Stiamo parlando, tuttavia, di quello che era il modello prevalente nella creazione, distribuzione e gestione delle applicazioni.

Ebbene... un'applicazione basata su microservizi prende esattamente lo stesso gruppo di funzionalità - l'interfaccia web, l'autenticazione, i log, l'archiviazione dati, la creazione di report ecc. - e lo divide ciascuno nella sua propria mini applicazione. Il termine "microservizio" deriva proprio da qui.

Guardando con attenzione la figura 1.2 si vede come si tratti del medesimo gruppo di funzionalità applicative. La differenza sta nel fatto che ciascuna di esse è sviluppata e distribuita autonomamente e ciascuna di esse può essere aggiornata e resa scalabile indipendentemente da ogni altra. Eppure, insieme, ottengono la stessa *esperienza applicativa*. Ciò significa che client e utenti avranno la medesima esperienza.

Ogni funzionalità/microservizio di solito viene sviluppato e distribuito in un suo proprio container. Ad esempio, ci sarà un'immagine container per l'interfaccia web, un'altra immagine per l'autenticazione, un'altra ancora per la creazione di report ecc.

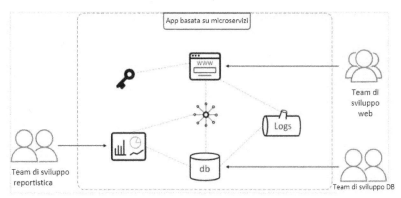

Figura 1.2

Come si vede dalla figura 1.2, ciascun microservizio è collegato all'altro in maniera meno rigida. Da un punto di vista tecnico, ogni microservizio espone su una rete IP un'API alla quale gli altri microservizi possono collegarsi. Tutto ciò garantisce a ciascun microservizio una maggiore indipendenza.

Oltre alla possibilità di aggiornamento e scalabilità indipendente, lo *schema progettuale* dei microservizi si adatta a un team di sviluppatori più piccolo, agile e specializzato, in grado di sviluppare e iterare funzionalità più rapidamente. L'idea si basa sulla *regola delle due pizze* di Jeff Bezos secondo la quale, se non puoi sfamare un team di sviluppatori con due pizze, significa che il team è troppo grande. In generale, un team di 2-8 persone comunica e lavora in maniera più agile ed efficiente rispetto a gruppi più numerosi.

Lo schema progettuale dei microservizi apporta anche altri vantaggi ma credo che abbiate capito il concetto. Concepire le funzionalità come microservizi indipendenti permette di svilupparle, farne il deployment, aggiornarle, renderle scalabili e altro ancora senza che ciò abbia alcun impatto sulle altre parti dell'applicazione.

I microservizi non sono tutte rose e fiori però. Possono diventare complessi, con molte parti mobili gestite da team differenti. Questo richiede un'attenta gestione.

Infine, questi due modi di progettare le applicazioni - monolitico vs microservizi - si chiamano *schemi progettuali*. Per quanto riguarda i container, lo schema progettuale più diffuso è quello dei microservizi.

Riassumendo, un'applicazione basata su microservizi è composta da piccole parti specializzate, non rigidamente interconnesse, che contribuiscono a creare un'applicazione funzionale.

Cosa si intende per cloud native

Qui andiamo sul facile visto che in parte lo abbiamo già spiegato. Un'applicazione *cloud native* deve:

- garantire la scalabilità su richiesta;
- autoripararsi;
- supportare aggiornamenti continui senza tempi di inattività;
- poter essere eseguita in qualsiasi ambiente Kubernetes.

A voler essere precisi, questa non è proprio una definizione ufficiale di cloud native ma aiuta a rendere il tutto più semplice e facile da capire.

Vediamo ora cosa significano alcune delle parole usate.

Scalabilità su richiesta rappresenta la possibilità per un'applicazione e per l'infrastruttura associata di garantire la scalabilità automatica, verso l'alto e verso il basso, a seconda della domanda. Se configurato correttamente, Kubernetes può automaticamente gestire la scalabilità delle applicazioni e dell'infrastruttura, rendendole scalabili verso l'alto quando la domanda aumenta e verso il basso quando la domanda diminuisce.

Ciò non solo aiuta le organizzazioni a reagire più rapidamente a cambiamenti imprevisti, ma anche a ridurre i costi dell'infrastruttura quando si scala verso il basso.

Kubernetes è in grado di *autoriparare* le applicazioni e i singoli microservizi. Questo concetto richiede una conoscenza di Kubernetes un po' più approfondita che affronteremo in seguito. Per il momento, diciamo che quando si fa il deployment di un'applicazione in Kubernetes si stabilisce come l'applicazione debba essere costruita: ad esempio quante istanze di ciascun microservizio debbano esserci e a quali reti debbano essere collegate. Kubernetes salva queste impostazioni come *stato desiderato* e controlla che l'applicazione rimanga sempre in questo stato. Se qualcosa cambia, per esempio un'istanza si arresta in modo anomalo, Kubernetes se ne accorge e ne lancia un'altra per sostituirla. Questo è ciò che si chiama *autoriparazione*.

Aggiornamenti continui senza tempi di inattività vuol dire semplicemente che è possibile aggiornare in modo incrementale parti di un'applicazione senza doverla arrestare e senza che i client se ne accorgano. Non male come funzione, la vedremo in azione più avanti.

Un ultimo aspetto interessante dell'essere *cloud native*. È possibile eseguire un'applicazione cloud native anche al di fuori dei cloud pubblici. Davvero! Un'applicazione cloud native può essere eseguita ovunque sia presente Kubernetes - AWS, Azure, Linode, il proprio datacenter locale o il cluster Raspberry Pi di casa...

Riassumendo, le applicazioni cloud native possono autoripararsi, garantire la scalabilità in modo automatico ed essere aggiornate senza tempi di inattività. Inoltre, possono essere eseguite in qualsiasi ambiente Kubernetes.

Cos'è un orchestrator

Ricorriamo a un'analogia per spiegare questo concetto.

Pensate a un'orchestra. Si tratta di un gruppo di singoli musicisti che suonano diversi strumenti musicali. Ciascun musicista e strumento ha delle caratteristiche proprie e ricopre un ruolo diverso quando inizia la musica. Ci sono violini, violoncelli, arpe, oboi, flauti, clarinetti, trombe, tromboni, tamburi e persino i triangoli. Ciascuno con le proprie caratteristiche e il proprio ruolo all'interno dell'orchestra.

Come si vede nella figura 1.3 ogni strumento è a sé stante e a nessuno è stato assegnato un ruolo. C'è una gran confusione e la batteria è pure sottosopra.

Figura 1.3

Arriva un *direttore d'orchestra* con lo spartito e riporta l'ordine. Raggruppa gli archi davanti al palco, i legni nel mezzo, gli ottoni un po' più indietro e le percussioni in alto sul fondo.

Egli dirige tutto: a ciascun gruppo indica quando e come suonare, se forte o piano e quanto veloce.

Insomma, il direttore prende il caos della figura 1.3 e impone l'ordine della figura 1.4 e così facendo produce della musica meravigliosa.

Figura 1.4

Beh... le applicazioni basate su microservizi sono come orchestre. Sul serio, fidatevi...

Ciascuna applicazione cloud native è composta da vari piccoli microservizi che hanno diversi compiti. Alcuni servono richieste web, alcuni autenticano sessioni, alcuni si occupano dei log, altri salvano i dati e altri ancora generano report. Ma, esattamente come le orchestre, hanno bisogno di qualcuno o qualcosa che li organizzi in un'applicazione funzionale.

Scopriamo quello che fa Kubernetes.

Come si vede nella figura 1.5, Kubernetes prende il caos di tanti microservizi indipendenti e l'organizza in un'applicazione che abbia un senso. Come già detto, Kubernetes garantisce la scalabilità, l'autoriparazione, l'aggiornamento dell'applicazione e molto altro ancora.

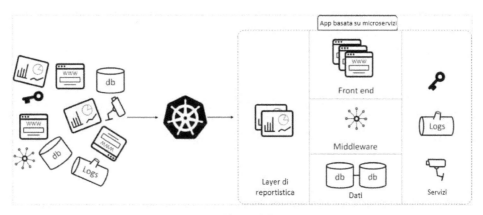

Figura 1.5

Riassumendo, un orchestrator (come Kubernetes) raccoglie un set di microservizi e li organizza in un'applicazione che apporta valore. Inoltre fornisce e gestisce funzionalità come scalabilità, autoriparazione e aggiornamento.

Altre cose utili da sapere su Kubernetes

Il termine "Kubernetes" deriva dalla parola greca per "timoniere", nel gergo nautico/velistico colui che pilota una nave. Vedi la Figura 1.6.

Figura 1.6

La ruota di una nave è anche chiamata "timone", da qui ovviamente deriva il logo di Kubernetes.

Figura 1.7

Guardando il logo con attenzione però si può notare come il timone invece di avere 6 o 8 raggi, come è usuale, ne ha solo 7. Questo si spiega con il fatto che Kubernetes si basa liberamente su uno strumento interno di Google che si chiama "Borg" e i fondatori volevano chiamare Kubernetes come il famoso Borg "Sette di nove".

Per chi non conoscesse Star Trek, Sette di nove è il drone Borg che viene salvato in data stellare 25479 dall'equipaggio della USS Voyager sotto il comando del Capitano Kathryn Janeway. I fondatori volevano mantenere il riferimento al Borg e a Star Trek ma, non potendo usare il nome per problemi di copyright, hanno pensato di inserire nel logo i sette raggi come velata allusione a "Sette di nove".

Il nome Kubernetes può apparire abbreviato in "K8s", dove l'8 sta per i caratteri che intercorrono tra la "K" e la "s" nella parola Kubernetes. La pronuncia di K8s di solito è "kates" e da qui deriva la storiella di Kubernetes che ha una fidanzata di nome Kate.

Niente di tutto ciò migliorerà la vostra capacità di implementare e gestire le applicazioni cloud native basate su microservizi ma si tratta di nozioni di base indispensabili ;-)

Riepilogo del capitolo

All'inizio del capitolo si è affermato che *Kubernetes è un orchestrator di applicazioni cloud native basate su microservizi.*

Masticando ormai un po' di gergo tecnico, quello che la frase vuol dire è che *"Kubernetes esegue e gestisce applicazioni fatte di piccole parti specializzate che possono autoripararsi, garantire la scalabilità in modo automatico ed essere aggiornate senza tempi di inattività."* Queste parti specializzate si chiamano *microservizi* e normalmente ciascuno viene implementato nel proprio container.

C'è ancora molto da imparare e nessuno si aspetta che capiate tutto subito. Proseguendo con il libro continueremo a spiegare i vari punti e vedremo qualche esempio pratico che vi aiuterà a impadronirvi meglio dell'argomento.

2: Perché abbiamo bisogno di Kubernetes

Nessun premio in palio per chi indovina lo scopo di questo capitolo ;-) Ad ogni modo, divideremo il discorso in due parti:

- Perché le aziende tecnologiche hanno bisogno di Kubernetes
- Perché la comunità di utenti ha bisogno di Kubernetes

Entrambi i concetti sono importanti ed entrambi giocano un ruolo fondamentale nel determinare il successo a lungo termine di Kubernetes. Alcuni punti vi aiuteranno inoltre a evitare le potenziali trappole per chi è alle prime armi con Kubernetes.

Perché le aziende tecnologiche hanno bisogno di Kubernetes

Tutto ha inizio con AWS.

A metà-fine 2000, Amazon ha sconvolto l'industria tecnologica e da allora il mondo non è stato più lo stesso.

Prima del 2006 nell'industria tecnologica regnava uno status quo. La maggior parte delle grandi aziende tecnologiche facevano soldi facili vendendo server, switch di rete, storage array, licenze per applicazioni monolitiche e molte altre cose. Poi, inaspettatamente, Amazon ha lanciato AWS e ha stravolto il loro mondo. È stata la nascita del moderno cloud computing.

All'inizio nessuno dei grandi nomi gli prestò molta attenzione, indaffarati come erano a incassare i soldi fatti vendendo le solite vecchie cose come facevano da decenni. Anzi, alcune delle maggiori aziende tecnologiche pensarono di porre fine alla minaccia di AWS mettendo in atto un'esplicita campagna di disinformazione. Iniziarono dicendo che il cloud non era una cosa reale. Accorgendosi che la cosa non funzionava, fecero un'inversione a 360 gradi, ammettendo che il cloud era reale e rimarchiando subito i loro prodotti in commercio come "cloud". Non funzionando neanche questo, hanno iniziato a costruire i loro cloud e da allora continuano a rincorrere cercando di mettersi in pari.

Due cose da sottolineare.

Innanzitutto, qui stiamo parlando della *versione ridotta della storia del cloud secondo Nigel*.

In secondo luogo, la disinformazione inizialmente diffusa dall'industria tecnologica è nota come *FUD ossia fear uncertainty and doubt (paura, incertezza e dubbio)*.

Ad ogni modo, entriamo un po' più nel dettaglio.

Con AWS che iniziava a rubare clienti e potenziali affari, l'industria aveva bisogno di una contromossa. Il primo contrattacco fu Openstack. Per farla breve, OpenStack era un progetto comunitario che cercò di creare un'alternativa open source ad AWS. Un progetto nobile al quale hanno contribuito molte brave persone. Ma fondamentalmente non ha mai rappresentato una minaccia per AWS, Amazon era troppo in vantaggio e in controllo della situazione. OpenStack ci ha provato, ma AWS l'ha spazzato via senza battere ciglio.

Per l'industria si trattava ora di ricominciare da capo.

Nel frattempo e prima ancora di tutto questo, Google stava già usando i container di Linux per eseguire la maggior parte dei suoi servizi su vasta scala. Google ha implementato milioni di container a settimana praticamente da sempre. Per pianificare e gestire questi miliardi di container, Google si serviva di uno strumento proprietario interno chiamato *Borg*. Ovviamente Google, essendo Google, ha imparato la lezione dall'uso di Borg e ha creato un sistema più nuovo chiamato *Omega*.

Ad ogni modo, partendo dall'esperienza fatta con Borg e Omega, alcune persone all'interno di Google si misero in testa di costruire qualcosa di ancora migliore e di renderlo open source e disponibile per la community. È così che nasce Kubernetes nell'estate del 2014.

È bene chiarire che Kubernetes non è la versione open source di Borg o Omega. Si tratta di un progetto nuovo, costruito da zero per essere un orchestrator open source di applicazioni containerizzate. Il collegamento con Borg e Omega sta nel fatto che i suoi sviluppatori iniziali, lavorando per Google, avevano avuto a che fare con questi due strumenti e hanno costruito Kubernetes mettendo a frutto la lezione appresa dalle tecnologie proprietarie interne di Google.

Ma torniamo al racconto di AWS che stava sbaragliando tutti...

Nel 2014, quando Google rese Kubernetes open source, Docker stava avendo un successo clamoroso. Di conseguenza, Kubernetes fu visto principalmente come uno strumento utile a gestire la crescita esponenziale dei container. Ma, per quanto vero, questa è solo metà della storia. Kubernetes si occupa in maniera eccelsa anche di *astrarre* l'infrastruttura cloud e server sottostante - in pratica rende possibile *"commoditizzare" l'infrastruttura*.

Lasciate un attimo sedimentare quest'ultima affermazione.

"Astrarre e commoditizzare l'infrastruttura" vuol dire, in parole meno ricercate, che *Kubernetes fa in modo che non ci si debba preoccupare del cloud o dei server sui quali girano le applicazioni*. In effetti questo è alla base dell'idea di *Kubernetes come sistema operativo (SO) del cloud*. Nello stesso modo in cui usando Linux o Windows ci si può disinteressare se le applicazioni vengono eseguite sui server di Dell, Cisco, HPE o di Nigel Poulton... Kubernetes fa in modo che non ci si debba preoccupare se le proprie applicazioni vengono eseguite sul cloud di AWS o di Nigel Poulton. :-D

Astrarre i cloud ha rappresentato per l'industria tecnologica l'opportunità di cancellare il valore di AWS - ora diventa infatti possibile scrivere le applicazioni per Kubernetes senza curarsi di quale cloud ci sia dietro. Kubernetes ha ristabilito una condizione di parità tra i giocatori in campo.

Per questo motivo Kubernetes è amato da tutti i vendor e viene messo in bella evidenza nelle loro offerte. Una premessa per un futuro radioso e promettente. Allo stesso tempo, per la comunità di utenti Kubernetes rappresenta un cavallo - sicuro e indipendente dal fornitore - sul quale scommettere il proprio futuro nel cloud.

Parlando di utenti finali...

Perché la comunità di utenti ha bisogno di Kubernetes

Abbiamo appena spiegato le ragioni per le quali, grazie all'appoggio delle maggiori aziende tecnologiche, ci si aspetta per Kubernetes un brillante e roseo futuro. Di fatto, Kubernetes è cresciuto tanto rapidamente ed è diventato talmente importante che anche Amazon ha dovuto, a malincuore, accettarlo. Proprio così, neanche le potenti Amazon e AWS hanno potuto ignorare Kubernetes.

Ad ogni modo, la comunità di utenti ha bisogno di piattaforme su cui costruire, ben sapendo di fare in questo senso un investimento tecnologico a lungo termine. Per come stanno le cose, sembra proprio che Kubernetes rimarrà con noi per un bel po' di tempo.

Un altro motivo per cui la comunità di utenti ha bisogno e ama Kubernetes si ricollega al concetto di *Kubernetes come SO del cloud*.

Abbiamo già visto come Kubernetes sia in grado di astrarre l'infrastruttura cloud locale a più basso livello (sia *on-prem* che nel cloud) e come ciò consenta di scrivere le applicazioni eseguibili in Kubernetes senza dover sapere quale cloud ci sia dietro. Bene, questo apporta ulteriori vantaggi, per esempio:

- La possibilità di fare il deployment su un cloud un giorno e passare a un altro cloud il giorno successivo.
- la possibilità di eseguire contemporaneamente in più cloud;
- la flessibilità di spostarsi sul cloud e di poter ritornare *on-prem* più agevolmente.

In poche parole, le applicazioni sviluppate per Kubernetes possono essere eseguite ovunque ci sia Kubernetes. È come quando si scrivono le applicazioni per Linux. Se viene sviluppata un'applicazione per Linux, non ha importanza se Linux viene eseguito su server Supermicro nel proprio garage o su istanze cloud AWS dall'altro lato del pianeta.

Per gli utenti finali è l'ideale. Chi non vorrebbe una piattaforma che porta flessibilità e ha un futuro assicurato!

Riepilogo del capitolo

In questo capito abbiamo visto come le maggiori aziende tecnologiche abbiano bisogno di Kubernetes per avere successo. Questo assicura un solido futuro a Kubernetes e lo rende un investimento sicuro per gli utenti e le aziende. Kubernetes inoltre astrae l'infrastruttura sottostante così come lo fanno sistemi operativi come Linux e Windows. Per questo motivo si fa riferimento a Kubernetes come *il sistema operativo del cloud*.

3: Che aspetto ha Kubernetes

Abbiamo già detto che Kubernetes è il *sistema operativo del cloud*. Come tale, si colloca a metà tra applicazioni e infrastruttura. Kubernetes viene eseguito sull'infrastruttura e le applicazioni su Kubernetes. Come si può vedere nella Figura 3.1

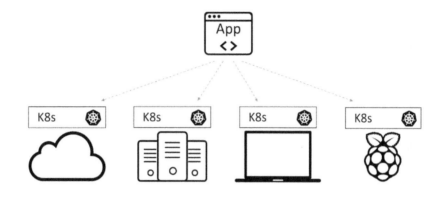

Figura 3.1

Il diagramma mostra 4 installazioni Kubernetes in esecuzione su 4 diverse piattaforme infrastrutturali. Kubernetes astraendo l'infrastruttura sottostante, permette all'applicazione in cima al diagramma di essere eseguita su una qualsiasi delle installazioni Kubernetes. È anche possibile migrare l'applicazione da un'installazione Kubernetes a un'altra.

Un'installazione Kubernetes viene chiamata un *cluster Kubernetes*.

È opportuno chiarire un paio di punti riguardanti la figura 3.1.

Innanzitutto, è insolito che un singolo cluster Kubernetes si estenda su più infrastrutture. Per esempio è improbabile vedere dei cluster Kubernetes estendersi su più cloud. Allo stesso modo, non è probabile vedere dei cluster Kubernetes che siano sia *on-prem* che sul cloud pubblico. Questo dipende principalmente dalla velocità e dall'affidabilità della rete. In generale, si preferisce che i Nodi in un cluster siano collegati con delle reti veloci e affidabili.

In secondo luogo, sebbene Kubernetes possa essere eseguito su molte piattaforme, le applicazioni eseguite su Kubernetes hanno dei requisiti più stringenti. L'argomento verrà trattato più avanti nel capitolo ma, in generale, le applicazioni Windows verranno eseguite solo su cluster Kubernetes contenenti Nodi Windows, le applicazioni Linux verranno eseguite solo su cluster basati su Nodi Linux e le applicazioni scritte per ARM/Raspberry Pi avranno bisogno di cluster con Nodi ARM.

Master e Nodi

Un *cluster Kubernetes* consiste in una o più macchine su cui è installato Kubernetes. Le *macchine* possono essere server fisici, macchine virtuali (VM), istanze nel cloud, il proprio portatile, dei Raspberry Pi e altro ancora. Installare Kubernetes su queste macchine e collegarle tra loro dà vita a un *cluster Kubernetes*. In un secondo momento, è possibile implementare sul cluster le applicazioni.

Di solito le macchine all' interno di un cluster Kubernetes vengono chiamate *Nodi*.

A proposito di Nodi, un cluster Kubernetes ne contiene due tipi distinti:

- Nodi Master
- Nodi Worker

I Nodi Master vengono generalmente indicati come "Master" e i Nodi Worker semplicemente "Nodi".

I Master ospitano il control plane mentre i Nodi eseguono le applicazioni utente.

La figura 3.2 mostra un cluster Kubernetes di 6 Nodi, di cui 3 Master e 3 Nodi. È buona norma che i Master eseguano esclusivamente servizi associati al control plane (nessuna applicazione utente). Tutte le applicazioni utente dovrebbero essere eseguite sui Nodi.

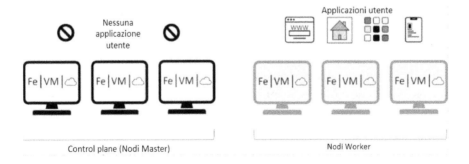

Figura 3.2

Master

I Master ospitano il *control plane*. Un termine ricercato per indicare il cervello del cluster.

Tenendo presente ciò, è buona norma avere più di un Master affinché venga garantita una disponibilità elevata (*High Availability, HA*). In questa maniera, se uno dei due dovesse smettere di funzionare, il cluster rimarrebbe comunque operativo. In un cluster di produzione è normale avere 3 o 5 Master e distribuirli su più domini di errore (*failure domains*). Meglio non ammassarli tutti in un'unica stanza, sotto il medesimo condizionatore che perde e sulla stessa linea elettrica difettosa.

La figura 3.3 mostra un control plane a disponibilità elevata con 3 Master. Ogni Master si trova in un suo dominio di errore separato, ciascuno con una propria infrastruttura di rete, elettrica, ecc.

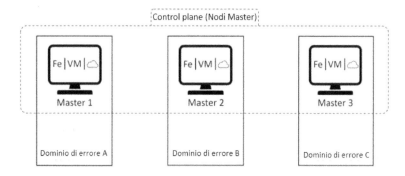

Figura 3.3

I seguenti servizi formano il control plane, ossia il cervello del cluster, e vengono eseguiti dai Master:

- Server API
- Scheduler
- Store
- Cloud controller
- Altro...

Il *server API* è **l'unica** parte del cluster Kubernetes con la quale si interagisce direttamente. Quando si inviano comandi al cluster, questi vanno al server API. Quando si ricevono risposte, queste arrivano dal server API.

Lo *Scheduler* sceglie su quali Nodi verranno eseguite le applicazioni utente.

Lo *Store* è dove viene conservato lo stato del cluster e di tutte le applicazioni.

Il *Cloud controller* permette a Kubernetes di integrarsi con servizi cloud come lo storage e i load balancer. Gli esempi pratici dei capitoli successivi mostrano come integrare un load balancer cloud con un'applicazione che verrà implementata su un cluster Kubernetes.

In un control plane Kubernetes ci sono molti altri servizi, qui ci limiteremo a menzionare solo quelli importanti per il libro.

Nodi

I Nodi eseguono le applicazioni utente e possono essere Linux o Windows. I Nodi Linux eseguono le applicazioni Linux, mentre i Nodi Windows eseguono quelle Windows.

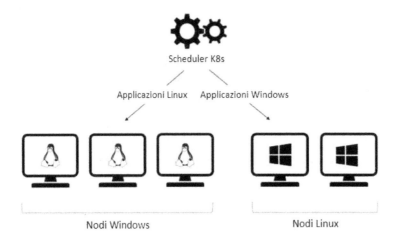

Figura 3.4

Ci sono un paio di servizi che vengono eseguiti su tutti i Nodi e che è il caso di conoscere:

- Kubelet
- Container runtime

Il kubelet è l'agente principale di Kubernetes, connette il Nodo al cluster e comunica con il control plane. Si occupa ad esempio di ricevere i compiti e riferirne lo stato.

Il *container runtime* avvia e arresta i container.

> **Nota:** inizialmente Kubernetes utilizzava Docker come container runtime. In seguito, col rilascio 1.23, fu annunciato l'abbandono del supporto per il container runtime Docker dalle versioni successive di Kubernetes. Pur avendo abbandonato il supporto a Docker come runtime, **Kubernetes continua a supportare le immagini create da Docker**. Di fatti, sia Docker che Kubernetes rispettano gli standard dell'Open Container Initiative (OCI) per le immagini dei container. In parole di più facile comprensione... le immagini dei container create da Docker sono compatibili al 100% con Kubernetes.

Kubernetes in hosting

Kubernetes in hosting è quando il proprio provider di servizi cloud vi mette a disposizione un cluster Kubernetes. A volte viene chiamato *Kubernetes as a service*.

Come si vedrà nei capitoli successivi, Kubernetes in hosting è uno dei modi più facili per avere Kubernetes.

Nel modello in hosting, è il provider di servizi cloud che costruisce il cluster Kubernetes, gestisce il control plane ed è responsabile per tutto ciò che segue:

- prestazioni del control plane
- disponibilità del control plane
- aggiornamenti del control plane

Sono vostra responsabilità:

- i Nodi Worker
- le applicazioni utente
- il pagamento della bolletta

La figura 3.5 mostra l'architettura base di un Kubernetes in hosting.

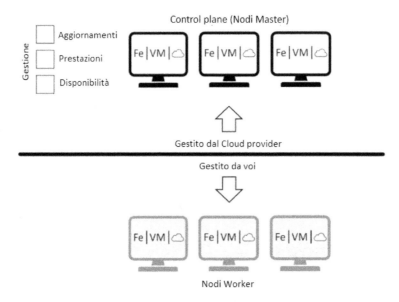

Figura 3.5

La maggior parte dei provider cloud offre servizi di Kubernetes in hosting. Tra i servizi più popolari vi sono:

- AWS: Elastic Kubernetes Service (EKS)
- Azure: Azure Kubernetes Service (AKS)
- DO: Digital Ocean Kubernetes Service (DOKS)
- GCP: Google Kubernetes Engine (GKE)
- Linode: Linode Kubernetes Engine (LKE)

Ce ne sono anche altri ma non tutti i servizi Kubernetes in hosting sono equivalenti. Un esempio veloce... Linode Kubernetes Engine (LKE) è tra i più semplici da configurare e utilizzare. Ciò nonostante, non presenta alcune funzionalità e opzioni di configurazione offerte invece da altri servizi. Prima di decidere quindi qual è il migliore per voi, è bene provarne alcuni.

Gestire Kubernetes con lo strumento da linea di comando kubectl

Nella maggior parte dei casi, per la gestione giornaliera di un cluster Kubernetes viene utilizzato uno strumento da linea di comando chiamato kubectl. Si può pronunciare in molti modi ma io preferisco chiamarlo "kub si ti el".

Le attività di amministrazione includono il deployment e la gestione delle applicazioni, il controllo della salute e l'esecuzione degli aggiornamenti di cluster e applicazioni.

Kubectl esiste per Linux, Mac OS, Windows e i vari sistemi operativi relativi ad ARM/Raspberry Pi.

Il seguente comando kubectl elenca tutti i Master e Nodi in un cluster. Nelle sezioni pratiche dei capitoli successivi verranno eseguiti molti di questi comandi.

```
$ kubectl get nodes
NAME                STATUS   ROLES                 AGE   VERSION
qsk-book-server-0   Ready    control-plane,master  12s   v1.23.0
qsk-book-agent-2    Ready    <none>                10s   v1.23.0
qsk-book-agent-0    Ready    <none>                13s   v1.23.0
qsk-book-agent-1    Ready    <none>                11s   v1.23.0
```

Riepilogo del capitolo

In questo capito, abbiamo imparato che un cluster Kubernetes è fatto di Master e Nodi. Questi possono essere eseguiti quasi dappertutto inclusi server *bare metal*, macchine virtuali e nel cloud. I Master eseguono i servizi back-end che permettono al cluster di funzionare, mentre le applicazioni aziendali vengono eseguite sui Nodi.

La maggior parte delle piattaforme cloud offre un servizio di Kubernetes in hosting che semplifica l'accesso a un cluster *"production-grade"*, dove il provider di servizi cloud si occupa delle prestazioni, della disponibilità e degli aggiornamenti. A voi spetta il compito di gestire i Nodi e pagare la bolletta.

Abbiamo inoltre imparato che kubectl è lo strumento da riga di comando di Kubernetes.

4: Ottenere Kubernetes

Ci sono molti modi per ottenere Kubernetes. Si può eseguire Kubernetes ovunque, dai laptop e dai cluster casalinghi Raspberry Pi fino ai cluster ad alte prestazioni altamente disponibili nel cloud.

Essendo una *guida rapida*, vedremo in questo libro due delle maniere più semplici per ottenere Kubernetes:

- Kubernetes sul proprio laptop con Docker Desktop
- Kubernetes nel cloud con Linode Kubernetes Engine (LKE)

Entrambe le opzioni vi permetteranno di seguire gli esercizi pratici del libro. Se già avete un cluster Kubernetes funzionante, dovreste essere in grado di usare quest'ultimo.

Kubernetes sul proprio laptop con Docker Desktop

Ci sono diversi modi per ottenere Kubernetes sul proprio laptop, la nostra scelta è caduta su Docker Desktop in quanto è probabilmente il più semplice e viene aggiornato regolarmente. Altre opzioni che vale la pena approfondire includono minikube e k3d.

Cosa si ottiene con Docker Desktop

Come suggerisce il nome, si ottiene Docker. Inoltre si riceve un cluster Kubernetes a Nodo singolo che è un ottimo strumento per lo sviluppo e per fare esperimenti - meglio però *non* usarlo in produzione. Per ultimo, si ottiene lo strumento da riga di comando di Kubernetes (kubectl).

Questo insieme di strumenti vi permetterà di usare Docker per costruire applicazioni sotto forma di immagini container e successivamente di farne il deployment in un cluster Kubernetes certificato. Niente male per uno strumento gratuito, facile da scaricare e da usare.

Installare Docker Desktop

Si può installare Docker Desktop su qualsiasi portatile Windows 10 o Mac OS. Basta andare su docker.com e trovare il link per il download. Dopo di che si tratta di un semplice installer del tipo Click Click Click che richiede privilegi di amministratore.

Una volta completata l'installazione, potrebbe essere necessario avviare manualmente Kubernetes. Basta cliccare sull' icona della balena (nella barra dei menu in alto in Mac OS o nell'area di notifica in basso a destra in Windows), scegliere la voce Preferences > Kubernetes e selezionare la casella di controllo Enable Kubernetes. Vedere la Figura 4.1.

Figura 4.1

Una volta installato, Docker viene eseguito in modalità nativa sia su Mac OS che Windows. Per gli utenti Mac, il cluster a Nodo singolo di Kubernetes verrà eseguito all'interno di una macchina virtuale leggera. Gli utenti Windows 10 possono abilitare WSL 2 ed eseguire il cluster in modalità nativa.

Qualche accenno su Docker Desktop in Windows 10. Le versioni recenti di Windows 10 e Docker Desktop supportano il sottosistema WSL 2. WSL sta per *Windows Subsystem for Linux* (Sottosistema Windows per Linux), un modo ingegnoso per eseguire software Linux in Windows. Alla richiesta di abilitare WSL 2, rispondete "sì" e seguite le istruzioni.

Per seguire gli esempi del resto del libro, si consiglia di passare Docker Desktop in modalità *Linux containers*. Per passare ai container Linux, fate clic con il pulsante destro del mouse sull' icona della balena nell' area di notifica e scegliere Switch to Linux containers. Questo permetterà alla vostra macchina Windows 10 di eseguire container Linux.

Per verificare l'installazione, si possono eseguire in un terminale i seguenti comandi:

```
$ docker --version
Docker version 20.10.0-rc1, build 5cc2396

$ kubectl version -o yaml
clientVersion:
  <Snip>
  gitVersion: v1.23.0
  major: "1"
  minor: "23"
  platform: darwin/amd64
serverVersion:
  <Snip>
  gitVersion: v1.23.0
  major: "1"
  minor: "23" platform:
  linux/amd64
```

Per facilitarne la lettura, gli output del comando sono stati tagliati in corrispondenza di <Snip>.

A questo punto, con Docker e un cluster Kubernetes a Nodo singolo in esecuzione sul vostro portatile, siete in grado di seguire gli esempi proposti nel libro.

Kubernetes nel cloud con Linode Kubernetes Engine (LKE)

Come prevedibile, Kubernetes può essere eseguito su qualsiasi cloud e la maggior parte dei cloud propongono un'offerta *Kubernetes-as-a-service*. Per gli esempi si userà Linode Kubernetes Engine (LKE) perché è estremamente semplice e costruisce rapidamente i cluster Kubernetes. Siete liberi di usare cluster Kubernetes basati su altri cloud.

> **Nota:** Linode di solito propone delle offerte per i nuovi clienti. In questo momento, i nuovi clienti ricevono 100 $ di credito gratuito utilizzabile nei primi tre mesi successivi all'iscrizione.

Tempo più che sufficiente per completare tutti gli esercizi del libro.

Cosa si ottiene con Linode Kubernetes Engine (LKE)

LKE è l'offerta di Kubernetes in hosting di Linode. Come tale:

- ha un costo (anche se non troppo elevato);
- è facile da configurare;
- il control plane è nascosto all'utente e gestito da Linode;
- offre integrazioni avanzate con altri servizi cloud (storage, load balancer ecc.).

Vedremo insieme come costruire un cluster Kubernetes con due Nodi Worker e come fare per configurare lo strumento da riga di comando di Kubernetes (kubectl). Più avanti vedremo come usare Kubernetes per allocare e impiegare un load balancer Linode e integrarlo con l'applicazione di esempio.

Ottenere un cluster Linode Kubernetes Engine

Aprite il browser, andate su linode.com e create un account. È un procedimento semplice ma occorre fornire dei dati per la fatturazione. Se siete determinati a imparare Kubernetes, questo non dovrebbe scoraggiarvi. I costi sono piuttosto bassi a patto di ricordarsi di cancellare i propri cluster quando non servono più.

Una volta pronti, e fatto il log in nella Linode Cloud Console, cliccate su Kubernetes nella barra di navigazione a sinistra e scegliete Create a cluster.

Inserite in cluster label il nome del vostro cluster, la regione in Region e la versione di Kubernetes in Kubernetes Version. Aggiungete poi due istanze di Linode 2GB Shared CPU per il vostro pool di nodi (Node Pool). La configurazione è mostrata nella Figura 4.2.

Figura 4.2

Fate bene attenzione agli eventuali costi mostrati sulla destra.

Una volta sicuri della configurazione, cliccate su Create Cluster.

Per la creazione del cluster ci possono volere uno o due minuti.

Una volta pronti, la console mostrerà i due Nodi in stato Running e i loro indirizzi IP. Apparirà anche il vostro Endpoint delle API Kubernetes in formato URL.

A questo punto avrete un vostro cluster LKE funzionante, con un control plane a elevate prestazioni e disponibilità ma nascosto e gestito da Linode. Il cluster comprende inoltre due Nodi Worker in esecuzione. La figura 4.3 mostra questa configurazione.

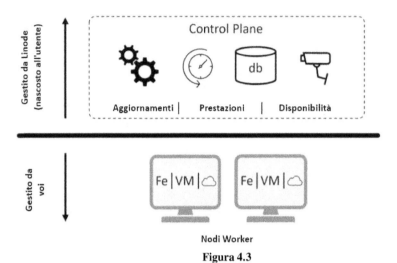

Figura 4.3

Per interagire con il cluster, potete usare lo strumento da riga di comando di Kubernetes. Quest'ultimo si chiama kubectl e si può installare in uno dei seguenti modi (anche se ne esistono altri).

Installare kubectl su Mac OS

Kubectl potrebbe essere già stato installato nel sistema da qualche altro strumento come Docker Desktop. Prima di seguire questi passaggi, controllate che non sia già presente digitando kubectl dalla linea di comando.

Il metodo più semplice per installare kubectl su Mac OS è utilizzando Homebrew.

```
$ brew install kubectl
<Snip>

$ kubectl version --client -o yaml
clientVersion:
   <Snip>
   major: "1"
   minor: "23"
   platform: darwin/amd64
```

Installare kubectl su Windows 10

Prima di procedere, digitate kubectl dalla linea di comando per essere sicuri che non sia già installato.

Il metodo più semplice per installare kubectl su Windows 10 è utilizzando Chocolatey. Nel caso in cui non usiate Chocolatey, vi mostreremo più avanti come installarlo usando la PowerShell Gallery.

```
> choco install kubernetes-cli
```

```
> kubectl version --client -o yaml
clientVersion:
  <Snip>
  major: "1"
  minor: "23"
  platform: windows/amd64
```

Se non usate Chocolatey, i seguenti passaggi vi permetteranno di installare kubectl attraverso gli strumenti PowerShell standard. Assicuratevi di sostituire il percorso -DownloadLocation nel secondo comando, specificando una posizione di download valida sulla vostra macchina. Il percorso -DownloadLocation è dove kubectl sarà scaricato e dovrebbe essere compreso nel vostro %PATH% di sistema, o eventualmente dovrebbe essere copiato in una cartella che si trova nel vostro %PATH% di sistema.

```
> Install-Script -Name 'install-kubectl' -Scope CurrentUser -Force
```

```
> install-kubectl.ps1 -DownloadLocation C:\Users\nigel\bin
```

```
> kubectl version --client -o yaml
clientVersion:
  <Snip>
  major: "1"
  minor: "23"
  platform: windows/amd64
```

Se appare l'errore "comando non trovato", assicuratevi che kubectl si trovi in una cartella presente nel vostro %PATH% di sistema.

kubectl è ora installato e pronto per essere configurato e per comunicare con il vostro cluster Kubernetes.

Configurare kubectl per comunicare con il vostro cluster LKE

Kubectl contiene un file di configurazione che conserva le informazioni e le credenziali del cluster. Si chiama config sia in Mac OS che in Windows e si trova nelle seguenti cartelle:

- Windows 10: C:\Users\<username>\.kube
- Mac OS: /Users/<username>/.kube

Nonostante si chiami config, ci riferiremo a esso come al file "kubeconfig".

Il modo più semplice per configurare kubectl per la connessione al cluster LKE consiste in:

1. fare una copia di backup di tutti i file kubeconfig presenti sul vostro computer
2. scaricare e usare sul vostro computer il file kubeconfig di LKE

All'interno della Console Linode Cloud, andate nell'area Kubernetes dove si trova l'elenco dei cluster e fate clic sul link Download kubeconfig per il vostro cluster LKE. Individuate il file scaricato, copiatelo nella cartella nascosta ./kube nella vostra directory home e rinominatelo config. Prima di fare ciò, vanno rinominati tutti i file kubeconfig presenti.

> **Nota:** potrebbe essere necessario configurare il computer in modo da visualizzare le cartelle nascoste. Nel Mac OS digitate Comando + Maiuscole + punto. In Windows 10 digitate "cartella" nella barra di ricerca di Windows (accanto al pulsante col logo Windows) e selezionate la voce Opzioni esplora file. Andate sulla scheda Visualizzazione e selezionate l'opzione Visualizza cartelle, file e unità nascosti.

Una volta scaricato il kubeconfig da LKE, una volta rinominato e copiato nel percorso corretto, kubectl dovrebbe essere configurato. È possibile fare un test con il seguente comando.

```
$ kubectl get nodes
NAME                        STATUS   ROLES    AGE   VERSION
lke16405-20053-5ff63e4400b7   Ready    <none>   47m   v1.23.1
lke16405-20053-5ff63e446413   Ready    <none>   47m   v1.23.1
```

L'output mostra un cluster LKE con due Nodi Worker. Sappiamo che il cluster si trova su LKE perché i nomi dei Nodi iniziano con lke. I Master che ospitano il control plane non compaiono nell'output, in quanto nascosti e gestiti da LKE.

A questo punto, il vostro cluster LKE è operativo e utilizzabile per seguire gli esempi nel libro.

Attenzione: LKE è un servizio cloud e ha un costo. Assicurarsi di cancellare il cluster quando si smette di utilizzarlo. In caso contrario ci potrebbero essere dei costi indesiderati.

Riepilogo del capitolo

Docker Desktop è un ottimo strumento per avere Docker e un cluster Kubernetes sul vostro computer Windows 10 o Mac OS. Si può scaricare e usare senza costi, in più installa e configura automaticamente kubectl. Non è pensato per un uso in produzione.

Linode Kubernetes Engine (LKE) è un servizio di Kubernetes in hosting facile da usare. Linode gestisce le funzionalità del control plane del cluster e vi permette di ridimensionare e specificare i Nodi Worker di cui si ha bisogno. Richiede un aggiornamento manuale del file locale kubeconfig. Eseguire un cluster LKE comporta dei costi, quindi è opportuno dargli la dimensione corretta e ricordarsi di cancellarlo una volta completati gli esercizi.

Ci sono molti altri modi e posti dove ottenere Kubernetes, quelli che vi abbiamo mostrato sono sufficienti per farvi iniziare ed essere pronti per i prossimi esercizi.

5: Creare un'applicazione basata su container

In questo capitolo completeremo un tipico flusso di lavoro per costruire un'applicazione sotto forma di immagine container. Questo processo si chiama *containerizzazione* e l'applicazione risultante viene chiamata un'*applicazione containerizzata*.

Per la containerizzazione dell'applicazione (la creazione di un'immagine container) useremo Docker, gli step non sono specifici di Kubernetes. Infatti in questo capitolo non useremo Kubernetes. Ciò nonostante, nei capitoli successivi, verrà fatto il deployment in Kubernetes dell'applicazione containerizzata creata.

> **Nota:** *Docker e Kubernetes*. Kubernetes ha iniziato a interrompere il supporto a Docker come suo container runtime. Ad ogni modo, le applicazioni containerizzate create da Docker sono ancora supportate al 100% dentro Kubernetes. Questo perché sia Kubernetes che Docker lavorano con immagini container basate sugli standard della Open Container Initiative (OCI).

Se avete già dimestichezza con Docker e con la creazione di applicazioni containerizzate, potete saltare questo capitolo. Su Docker Hub troverete un'applicazione containerizzata già pronta che potrete usare nei capitoli seguenti.

Siete ancora lì?

Perfetto. La figura 5.1 raffigura il flusso di lavoro che verrà seguito. Accenneremo allo step 1 ma l'attenzione sarà principalmente sugli step 2 e 3. Nei prossimi capitoli si affronterà lo step 4.

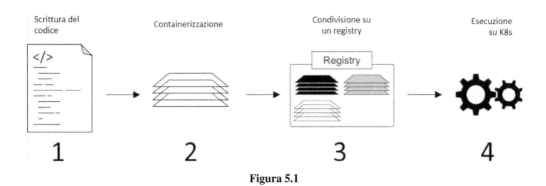

Figura 5.1

Il capitolo si divide come segue:

- Prerequisiti
- Ottenere il codice dell'applicazione
- Containerizzare l'applicazione
- Ospitare l'immagine container in un registry

Prerequisiti

Per creare l'applicazione containerizzata descritta in questo capitolo avrete bisogno:

- dello strumento da linea di comando git
- di Docker
- di un account Docker Hub (chiamato anche Docker ID)

Per Docker è raccomandabile installare *Docker Desktop* (nel Capitolo 3 si spiega come farlo).

Gli account Docker Hub sono gratuiti. Basta andare su hub.docker.com e iscriversi. L'iscrizione è necessaria negli step successivi per salvare l'applicazione containerizzata in Docker Hub.

Installare git

Per installare lo strumento da linea di comando git, usate uno dei seguenti metodi:

Con Homebrew in Mac OS

Se sul vostro Mac avete Homebrew, potete usare il seguente comando per l'installazione di git.

```
$ brew install git

$ git    --version
git version 2.30.0
```

Con Chocolatey in Windows 10

Se sulla vostra macchina Windows avete Chocolatey, potete installare lo strumento da linea di comando git con il seguente comando.

```
> choco install git.install

> git      --version
git version 2.30.0
```

Con l'installer GitHub Desktop sia in Mac OS che in Windows

GitHub Desktop è un'interfaccia grafica desktop per lavorare con GitHub; gli installer per Mac OS e Windows sono disponibili su desktop.github.com. Una volta scaricato e installato, può essere utilizzato per installare lo strumento da linea di comando git.

Si può verificare l'installazione con il comando git --version.

Una volta soddisfatti i prerequisiti, basta seguire questi passaggi e si è pronti per costruire un'applicazione di esempio sotto forma di immagine container (containerizzare l'applicazione):

1. ottenere il codice dell'applicazione;
2. usare Docker per costruire l'immagine container;
3. usare Docker per effettuare il push dell'immagine container a Docker Hub (opzionale).

Ottenere il codice dell'applicazione

Il repository GitHub del libro contiene il codice per una semplice applicazione web. Usate il seguente comando per *clonare il repo* sul computer dove avete installato Docker e git.

Questo comando crea una nuova cartella nella directory corrente e vi copia i contenuti del repository.

> **Nota:** GitHub è una piattaforma online di collaborazione e hosting di software. Il software ospitato su GitHub è organizzato in "repo" (repository) e l'atto di "clonare un repo" è gergo tecnico per indicare l'atto di copiare il software sulla propria macchina locale. Vedrete tutto ciò in azione a breve.

```
$ git clone https://github.com/nigelpoulton/qsk-book.git
Cloning into 'qsk-book'...
```

Ora avete una copia della repo in una nuova cartella chiamata qsk-book. Spostatevi nella directory qsk-book e date il comando ls per avere un elenco del suo contenuto.

```
$ cd qsk-book

$ ls
App
deploy.yml
pod.yml
readme.md
svc-cloud.yml
svc-local.yml
```

Nella cartella App si trovano il codice e i file di configurazione dell'applicazione. Spostatevi in questa cartella e date il comando per elencare i file contenuti.

```
$ cd App

$ ls -l
Dockerfile
app.js
bootstrap.css
package.json
views
```

Questi file compongono l'applicazione ed è bene conoscerli uno a uno.

- Dockerfile questo file in realtà non fa parte dell'applicazione. Contiene un elenco di istruzioni che Docker esegue per creare l'immagine container (containerizzare l'app).
- app.js è il file principale dell'applicazione. Si tratta di un'applicazione Node.js.
- bootstrap.css è il template di un foglio di stile che fissa l'aspetto della pagina web dell'applicazione.
- package.json elenca le dipendenze tra applicazioni.
- views è una cartella contenente l'HTML necessario per popolare la pagina web dell'applicazione.

Il file più interessante ai fini della containerizzazione dell'applicazione è Dockerfile. Questo contiene le istruzioni usate da Docker per costruire l'applicazione sotto forma di immagine container. Nel nostro caso, avrà un aspetto semplice come il seguente:

```
FROM node:current-slim
LABEL MAINTAINER=nigelpoulton@hotmail.com
COPY . /src
RUN cd /src; npm install
EXPOSE 8080
CMD cd /src && node ./app.js
```

Vediamo in dettaglio cosa fa ciascuna linea.

L'istruzione FROM indica a Docker che vogliamo usare node:current-slim come immagine di base per la nuova applicazione. Le applicazioni hanno bisogno di un sistema operativo su cui venire eseguite e questa immagine di base ci fornisce proprio questo.

L'istruzione COPY dice a Docker di copiare l'applicazione e le dipendenze dalla cartella corrente (indicata da un punto "."). nella cartella /src nell'immagine container node:current-slim sulla quale è stato eseguito il pull negli step precedenti.

L'istruzione RUN dice a Docker di eseguire un comando npm install all'interno della cartella /src. Questo comando installerà le dipendenze elencate in package.json.

L'istruzione EXPOSE elenca la porta di rete su cui l'applicazione rimarrà in ascolto. Questa viene anche specificata nel file principale app.json.

L'istruzione CMD rappresenta il principale processo applicativo che verrà eseguito quando Kubernetes avvierà il container.

Riassumendo, le istruzioni contenute in Dockerfile sono: *containerizzate l'applicazione. Basatevi sull'immagine* `node:current- slim,` *copiateci dentro il codice della nostra app, installate le dipendenze, documentate la porta di rete e impostate l'applicazione per l'esecuzione.*

Una volta clonato il repo, si è pronti per costruire l'immagine container.

Costruire l'immagine container

Il processo di costruzione di un'applicazione sotto forma di immagine container è detto *containerizzazione*. Una volta completato, l'applicazione si dice *containerizzata*. Di conseguenza, useremo in modo intercambiabile i termini *immagine container* e *app containerizzata*.

Usate il comando docker image build per containerizzare l'applicazione.

- Eseguite il comando all' interno della directory ../qsk-book/App
- Sostituite nigelpoulton con il vostro ID di Docker Hub
- Inserite il punto (".") alla fine del comando

```
$ docker image build -t nigelpoulton/qsk-book:1.0 .

[+] Building  66.9s (8/8) FINISHED                              0.1s
<Snip>
=> naming to docker.io/nigelpoulton/qsk-book:1.0               0.0s
```

Confermate la presenza della nuova immagine container sulla vostra macchina locale. Il nome dell'immagine potrebbe essere differente e l'output potrebbe visualizzarne più di una.

```
$ docker image ls
REPOSITORY              TAG    IMAGE ID       CREATED         SIZE
nigelpoulton/qsk-book   1,0    e4477597d5e4   3 minutes ago   177MB
```

Se utilizzate Docker Desktop potreste vedere diverse immagini etichettate come "k8s.gcr...". Queste stanno eseguendo il cluster Kubernetes locale di Docker Desktop.

A questo punto, avrete *containerizzato* l'applicazione con successo e il passo successivo è ospitarla in un registry centralizzato.

Ospitare l'immagine in un registry

Questa sezione è facoltativa, per seguire avrete bisogno di un account Docker Hub. Nel caso in cui sceglieste di non completare questa sezione, per i passi successivi potete usare l'immagine nigelpoulton/qsk-book:1.0 disponibile pubblicamente.

Sono disponibili diversi registry di container. Nel nostro caso, abbiamo scelto Docker Hub in quanto è il più diffuso e semplice da usare. Potete visitare il sito hub.docker.com per dare un'occhiata.

Usate il seguente comando per eseguire il push della vostra nuova immagine su Docker Hub. Ricordate di sostituire nigelpoulton con la vostra ID di Docker Hub. Se lasciate nigelpoulton l'operazione non andrà a buon fine in quanto non autorizzati a eseguire il push di immagini verso i miei repository.

```
$ docker image push nigelpoulton/qsk-book:1.0

f4576e76ed1: Pushed
ca60f24a8154: Pushed
0dcc3a6346bc:  Mounted   from   library/node
6f2e5c7a8f99:  Mounted   from   library/node
6752c6e5a2a1:  Mounted   from   library/node
79c320b5a45c:  Mounted   from   library/node
e4b1e8d0745b: Mounted from library/node
1.0: digest: sha256:7c593...7198f1 size: 1787
```

Assicuratevi che l'immagine sia presente su hub.docker.com. Ricordatevi di sfogliare i vostri repository.

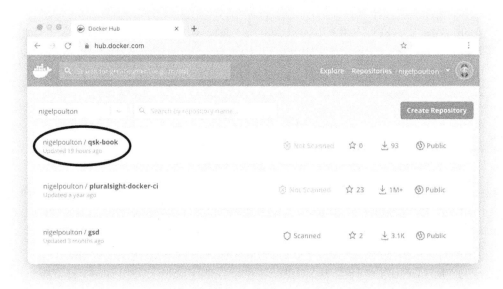

Figura 5.2

Giunti a questo punto, avete containerizzato l'applicazione sotto forma di immagine container e avete eseguito il push nel registry di Docker Hub. Siete ora pronti per eseguire l'applicazione in Kubernetes.

Riepilogo del capitolo

In questo capitolo abbiamo imparato che un'*applicazione containerizzata* è un'applicazione costruita sotto forma di immagine container.

Abbiamo usato git per clonare il repository di GitHub e successivamente abbiamo usato Docker per containerizzare l'applicazione ed effettuare il push su Docker Hub.

6: Eseguire un'applicazione in Kubernetes

In questo capitolo faremo il deployment di una semplice applicazione containerizzata su un cluster Kubernetes.

Per seguire è necessario avere un cluster Kubernetes. Se aveste bisogno di aiuto, fate riferimento al Capitolo 3. Se state utilizzando Docker Desktop su Windows 10, impostatelo sulla modalità *Linux containers* (fate clic con il pulsante destro del mouse sull'icona della balena Docker nell'area di notifica e scegliete Switch to Linux containers).

Se avete seguito il libro fino a qui, farete il deployment dell'applicazione creata e containerizzata nel capitolo precedente. Nel caso aveste saltato il capitolo precedente, nessun problema, potete usare una copia dell'applicazione pubblicamente disponibile su Docker Hub.

Procederemo in questa sequenza:

- Verifica del proprio cluster Kubernetes
- Deployment dell'applicazione sul cluster Kubernetes
- Collegamento all'applicazione

Verificare il cluster Kubernetes

Per seguire questi passaggi occorre avere lo strumento da riga di comando kubectl e un cluster Kubernetes funzionante.

Per verificare la connessione al cluster Kubernetes e il suo funzionamento, eseguite questi comandi:

Esempio con Docker Desktop.

```
$ kubectl get nodes
NAME             STATUS  ROLES                AGE
docker-desktop   Ready   master   VERSION 21h v1.23.1
```

Come potete notare, il cluster Docker Desktop restituisce un Nodo singolo su un'unica riga di output. Questo succede perché si tratta di un cluster a Nodo singolo. In questa configurazione, il Nodo singolo funge sia da *Nodo Master* che da *Worker*. A parte questo, la cosa importante è che kubectl sia in grado di comunicare con il vostro cluster e che tutti i Nodi risultino Ready.

Esempio con Linode Kubernetes Engine (LKE).

```
$ kubectl get nodes
NAME                         STATUS   ROLES    AGE   VERSION
lke16405-20053-5ff63e4400b7  Ready    <none>   5m    v1.23.1
lke16405-20053-5ff63e446413  Ready    <none>   5m    v1.23.1
```

Il numero dei Nodi restituiti dal comando dipenderà da quanti Nodi avete aggiunto al vostro cluster. I *Master* non appaiono nell'output in quanto nascosti e gestiti dalla piattaforma cloud. Il fatto che i nomi dei Nodi inizino per lke ci conferma che stiamo comunicando con un cluster LKE. Tutti i Nodi dovrebbero risultare nello stato Ready.

Nel caso in cui kubectl si colleghi al cluster/nodo sbagliato mentre si sta eseguendo Docker Desktop, cliccate sull'icona della balena nella barra delle applicazioni e selezionate il cluster corretto, come mostra la figura 6.1.

Figura 6.1

Se non usate Docker Desktop e kubectl si sta collegando a un cluster sbagliato, potete cambiarlo con la seguente procedura:

Elencate tutti i contesti definiti nel file kubeconfig.

```
$ kubectl config get-contexts
CURRENT   NAME            CLUSTER         AUTHINFO
          docker-desktop  docker-desktop  docker-desktop
          k3d-qsk-book    k3d-qsk-book    admin@k3d-qsk-book
*         lke16516-ctx    lke16516        lke16516-admin
```

L'output mostra tre contesti, il contesto corrente risulta impostato su lke16516-ctx.

Il comando seguente lo sposta su docker-desktop. Nel vostro caso potrebbe essere necessario spostarsi su un altro contesto.

```
$ kubectl config use-context docker-desktop
Switched to context "docker-desktop".
```

Una volta che il comando kubectl get nodes restituisce i Nodi corretti e li elenca come Ready, siete pronti a passare alla sezione successiva.

Eseguire il deployment dell'applicazione su Kubernetes

Nel capitolo precedente abbiamo containerizzato un'applicazione web Node.js in un'immagine container e l'abbiamo archiviata in Docker Hub. Ora vedremo come fare il deployment di questa applicazione su Kubernetes.

Anche se Kubernetes orchestra ed esegue *container*, quest'ultimi devo essere avvolti in un costrutto Kubernetes chiamato *Pod*.

Un Pod rappresenta un involucro (*wrapper*) leggero attorno a un container. In effetti qualche volta i termini *container* e *Pod* si possono intercambiare. Per il momento è sufficiente sapere che Kubernetes esegue i container all'interno di Pod. Allo stesso modo in cui VMware esegue le applicazioni all'interno di macchine virtuali, Kubernetes esegue le app containerizzate all'interno di Pod.

Nota: per una discussione più dettagliata sui Pod, potete consultare The Kubernetes Book (sempre di Nigel Poulton).

Definizione di un Pod Kubernetes

Il Pod che implementeremo è definito in un file YAML chiamato pod.yml che si trova alla radice del repository GitHub del libro. Potete dare al file un nome qualsiasi ma la struttura del contenuto segue delle regole YAML molto rigide. Per chi non lo sapesse, YAML è il linguaggio comunemente usato per i file di configurazione ed è estremamente rigido per quanto riguarda il corretto uso dell'indentazione :-D

```
apiVersion: v1
kind: Pod
metadata:
  name: first-pod
  labels:
    project: qsk-book
spec:
  containers:
    - name: web
      image: nigelpoulton/qsk-book:1.0
      ports:
        - containerPort: 8080
```

Addentriamoci nel file per capire cosa sta definendo.

La riga che contiene apiVersion e kind indica a Kubernetes il tipo e la versione dell'oggetto del deployment. In questo caso: un oggetto Pod così come è definito nell'API v1. In parole povere, chiede a Kubernetes di fare il deployment di un Pod basato sulla versione 1 (v1) delle specifiche Pod.

Il blocco Metadata elenca il nome del Pod e una singola label. Il nome ci aiuta a individuare e gestire il Pod quando è in esecuzione. La label (project = qsk-book) è utile per organizzare i Pod e associarli con altri oggetti come, per esempio, i Load Balancer. Vedremo le label in azione più avanti.

La sezione spec specifica quale container sarà eseguito nel Pod e anche su quale porta opererà. Si noti che il Pod eseguirà l'app che è stata containerizzata nel capitolo precedente (l'immagine nigelpoulton/qsk-book:1.0).

Nella figura 6.2 si vede come il Pod avvolga il container. L'involucro Pod è obbligatorio per un container che viene eseguito su Kubernetes ed è molto leggero in quanto aggiunge solo metadati.

```
         ┌   apiVersion: v1
         │   kind: Pod
Pod      │   metadata:                                      Pod
wrapper  │     name: first-pod                              wrapper
         │     labels:
         └       project: qsk-book
         ┌   spec:
         │     containers:
Container│       - name: web-ctr                            Container
         │         image: nigelpoulton/qsk-book:1.0
         │         ports:
         └           - containerPort: 8080
```

Figura 6.2

Eseguire il deployment dell'applicazione (Pod)

Il deployment riguarda un'applicazione che si trova in un Pod chiamato first-pod ed è definita in un file YAML chiamato pod.yml. Il modo più semplice per eseguire il deployment è usare kubectl per registrare il file YAML su Kubernetes.

Eseguite il comando riportato qui sotto per elencare tutti i Pod che potrebbero essere già in esecuzione sul vostro cluster. Se state lavorando con un nuovo cluster, come spiegato nel capitolo 3, non avrete nessun Pod in esecuzione.

```
$ kubectl get pods
No resources found in default namespace.
```

Eseguite il deployment del Pod first-pod con il seguente comando e verificate l'operazione. Il primo comando va eseguito dalla directory del vostro computer che contiene il file pod.yml. Si tratta della cartella radice del repository GitHub. Se al momento vi trovate nella cartella App (controllate con pwd) dovrete tornare indietro di un livello usando il comando "cd ..".

```
$ kubectl apply -f pod.yml
pod/first-pod created
```

```
$ kubectl get pods
NAME        READY  STATUS   RESTARTS  AGE
first-pod   1/1    Running  0         8s
```

Complimenti, l'app è in esecuzione su Kubernetes!

Il comando kubectl apply vi permette di specificare un file (-f) da inviare al server API Kubernetes. Kubernetes archivia la definizione del Pod nel Cluster Store e lo Scheduler trova i Nodi su cui eseguire tutto ciò che è definito nel file.

Se si esegue il secondo comando troppo a ridosso del primo, il Pod potrebbe non aver ancora raggiunto lo stato Running.

kubectl fornisce i comandi get e describe per verificare la configurazione e lo stato degli oggetti. Abbiamo già visto come kubectl get fornisca delle brevi informazioni di riepilogo. Il seguente esempio mostra come kubectl describe restituisca molti più dettagli. In effetti l'output è stato sfoltito per evitare lamentele sui lunghi output di comando che prendono troppo spazio ;-)

```
$ kubectl describe pod first-pod

Name:         first-pod
Namespace:    default
Node:         docker-desktop/192.168.65.3
Labels:       project=qsk-book
Status:       Running
IPs:
  IP:    10.1.0.11
Containers:
  web-ctr:
    Image:        nigelpoulton/qsk-book:1.0
    Port:         8080/TCP
    State:        Running
    <Snip>
Conditions:
```

```
Type                Status
Initialized         True
Ready               True
ContainersReady     True
PodScheduled        True
Events:
  Type      Reason      Age    From          Message
  ----      ------      ----   ----          -------
  <Snip>
  Normal    Created     110s   kubelet       Created container web-ctr
  Normal    Started     110s   kubelet       Started container web-ctr
```

Sebbene il Pod e l'applicazione siano operativi, Kubernetes ha un altro oggetto che fornisce la connettività.

Collegarsi all'applicazione

Per collegarsi all'applicazione è necessario un oggetto distinto chiamato Service (Servizio).

> **Nota:** "Oggetto" è un termine tecnico che si usa per riferirsi a qualcosa che è in esecuzione su Kubernetes. Abbiamo appena fatto il deployment di un *oggetto* Pod. Ora faremo il deployment di un *oggetto* Service per fornire connettività all'applicazione in esecuzione nel Pod.

Definizione di un Servizio Kubernetes

Il file svc-local.yml definisce un oggetto Service per fornire connettività quando utilizzate Docker Desktop o un altro cluster locale (non cloud). Il file svc-cloud.yml definisce un oggetto Service per fornire connettività se il vostro cluster si trova nel cloud (per esempio per il cluster LKE costruito nel capitolo 3).

L' elenco che segue mostra il contenuto del file svc-cloud.yml.

```
apiVersion: v1
kind: Service
metadata:
  name: cloud-lb
spec:
  type: LoadBalancer
  ports:
  - port: 80
    targetPort: 8080
  selector:
    project: qsk-book
```

Vediamo il contenuto in dettaglio.

Le prime due righe assomigliano a quelle del file pod.yml. Dicono a Kubernetes di fare il deployment di un oggetto Service utilizzando la specifica v1.

La sezione metadata dà il nome "cloud-lb" al Servizio.

La sezione spec è dove avviene la magia. Il campo spec.type: LoadBalancer dice a Kubernetes di abilitare un load balancer con connessione internet sulla piattaforma cloud sottostante. Ad esempio, se il vostro cloud viene eseguito su AWS, questo Servizio predisporrà in modo automatico un Network Load Balancer (NLB) o un Classic Load Balancer (CLB) AWS. Questa sezione spec configurerà sulla piattaforma cloud sottostante un load balancer con connessione internet che accetterà traffico sulla porta 80 e lo reindirizzerà sulla porta 8080 di ogni Pod a cui è assegnata la label project: qsk-book.

Datevi del tempo per assorbire il tutto. Magari leggetelo di nuovo.

Il file svc-local.yml definisce un Servizio NodePort invece di un Servizio LoadBalancer. Questo perché Docker Desktop e altri cluster basati su laptop non hanno accesso ai load balancer con connessione a internet.

Qualche cenno sulle label

In precedenza si è detto che Kubernetes usa le *label* per collegare gli oggetti. Guardando con attenzione i file pod.yml e svc-cloud.yml si nota come entrambi facciano riferimento alla label project: qsk-book.

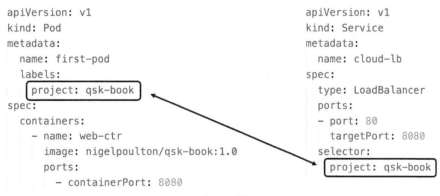

```
apiVersion: v1                        apiVersion: v1
kind: Pod                             kind: Service
metadata:                             metadata:
  name: first-pod                       name: cloud-lb
  labels:                             spec:
    project: qsk-book                   type: LoadBalancer
spec:                                   ports:
  containers:                           - port: 80
    - name: web-ctr                       targetPort: 8080
      image: nigelpoulton/qsk-book:1.0  selector:
      ports:                              project: qsk-book
        - containerPort: 8080
```

Figura 6.3

Al Pod è associata la label che poi a sua volta l'oggetto Service usa per effettuare la selezione. Questa combinazione permette al Servizio di inoltrare il traffico a tutti i Pod del cluster che riportano la stessa label. Kubernetes, in maniera intelligente, compila un elenco aggiornato in tempo reale di tutti questi Pod.

Attualmente, c'è solo un Pod che riporta la label. Tuttavia, se ne vengono aggiunti altri con la stessa label, noterete come Kubernetes inizierà a inoltrare il traffico a tutti loro. Lo vedremo più in dettaglio nel prossimo capitolo.

Fare il deployment del servizio

Come succede per i Pod, con kubectl apply si può fare il deployment di oggetti Service. Come già accennato, il repository GitHub ha due Servizi:

- svc-cloud.yml per i cluster basati sul cloud. Lo chiameremo il "Servizio Load Balancer"
- svc-local.yml per quei cluster, come Docker Desktop, che non vengono eseguiti nel cloud. Questo lo chiameremo invece "Servizio NodePort"

Il *Servizio Load Balancer* indica a Kubernetes di implementare uno dei load balancer con connessione a internet forniti dal vostro cloud. Funziona con i maggiori servizi cloud ed è un modo semplice per esporre la vostra applicazione su internet.

Il *Servizio NodePort* espone l'applicazione attraverso una porta di rete comune a ciascuno dei Nodi del cluster. Nell'esempio qui usato l'applicazione è esposta sulla porta 31111 su ogni singolo Nodo del cluster. Se state usando Docker Desktop, l'applicazione verrà esposta attraverso l'adapter localhost sulla macchina host su cui avete installato Docker Desktop.

Non preoccupatevi se vi risulta tutto un po' confuso, lo spiegheremo in dettaglio facendo un esempio.

Iniziamo con un esempio di Docker Desktop (non-cloud).

Collegarsi all'applicazione se il proprio cluster non è nel cloud, per esempio usando Docker Desktop

Il seguente comando fa il deployment di un Servizio chiamato svc-local così come definito nel file svc-local.yml nella radice del repository GitHub. Non è necessario che il nome del Servizio e quello del filename coincidano, però il comando deve essere eseguito dalla directory dove si trova il file svc-local.yml.

```
$ kubectl apply -f svc-local.yml
service/svc-local created
```

Il seguente comando serve per verificare che il Servizio sia operativo.

```
$ kubectl     get svc
NAME          TYPE        CLUSTER-IP       EXTERNAL-IP  PORT(S)       AGE
svc-local     NodePort    10.108.72.184    <none>       80:31111/TCP  11s
```

L'output mostra quanto segue:

Il servizio si chiama "svc-local" ed è in esecuzione da 11 secondi.

Il valore CLUSTER-IP coincide con un indirizzo IP della rete interna dei Pod Kubernetes e viene usato da altri Pod e applicazioni in esecuzione nel cluster. Non ci collegheremo con questo indirizzo.

Trattandosi di un Servizio NodePort, si può accedere collegandosi a un qualsiasi Nodo sulla porta 31111 come specificato nella colonna PORT(S).

Il vostro output mostrerà un altro Servizio chiamato Kubernetes. Quest'ultimo viene usato internamente da Kubernetes per il rilevare i servizi.

Ora che il Servizio è in funzione, potete collegarvi alla app.

Aprite un browser web sulla stessa macchina su cui è in esecuzione il cluster Kubernetes e digitate localhost:31111 nella barra di navigazione. Se utilizzate Docker Desktop, aprite il browser nella macchina dove lo state eseguendo.

Attenzione! Al momento della stesura di questo capitolo, Docker Desktop su Mac OS ha un bug che impedisce di mappare il servizio NodePort all'interfaccia localhost. Se il browser non riesce a connettersi all'app, potrebbe essere questo il motivo.

La pagina web apparirà come nella Figura 6.4

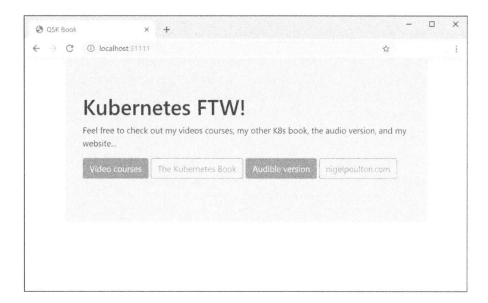

Figura 6.4

Complimenti! Avete containerizzato un'applicazione, ne avete fatto il deployment in Kubernetes e siete riusciti ad accederci.

Collegarsi all'applicazione se il proprio cluster Kubernetes è nel cloud

Il comando seguente esegue il deployment di un Servizio Load Balancer chiamato cloud-lb così come viene definito nel file svc-cloud.yml nella radice del repository GitHub. Il comando va dato all'interno della stessa directory del file.

```
$ kubectl apply -f svc-cloud.yml
service/cloud-lb created
```

Verificate il Servizio con il seguente comando. Per avere più dettagli, potete usare anche il comando kubectl describe svc <service-name>.

```
$ kubectl    get svc
NAME        TYPE           CLUSTER-IP       EXTERNAL-IP      PORT(S)
cloud-lb    LoadBalancer   10.128.29.224    212.71.236.112   80:30956/TCP
```

Mentre il Servizio viene creato, l'output potrebbe mostrare lo status <pending> nella colonna EXTERNAL-IP. Su alcune piattaforme cloud potrebbe volerci qualche minuto.

L'output mostra molto di più, qui spiegheremo solo le parti che ci interessano.

Il Servizio è stato creato e TYPE correttamente impostato come LoadBalancer. È stato eseguito il provisioning di un load balancer cloud connesso a internet sulla piattaforma cloud sottostante e gli è stato assegnato l'indirizzo IP 212.71.236.112 mostrato nella colonna EXTERNAL-IP (il vostro sarà differente). Il load Balancer è in ascolto sulla porta 80 (le prime due cifre della stringa 80:30956/TCP).

Per farla breve, potete puntare un qualsiasi browser a 212.71.236.112 sulla porta 80 per connettervi all'applicazione, come mostrato nella figura 6.5. Ricordate di usare l'indirizzo IP esterno del vostro ambiente.

Figura 6.5

Come per l'esempio di Docker, il CLUSTER-IP interno viene usato dalle altre applicazioni in esecuzione all'interno del cluster Kubernetes, mentre il valore che appare a destra dei due punti sotto la colonna PORT(S) indica la porta su cui è esposta la app su ciascun Nodo del cluster. Per esempio, conoscendo l'indirizzo IP dei Nodi del cluster, potete collegarvi all'applicazione semplicemente puntando all'IP di un qualsiasi Nodo sulla porta elencata a destra dei due punti.

Complimenti! Avete containerizzato un'applicazione, avete eseguito il deployment su Kubernetes, avete effettuato il provisioning di un load balancer connesso a internet e vi siete connessi alla app.

Pulizia del cluster

Ora elimineremo il Pod e il Servizio in modo da ripartire, nel prossimo capitolo, con un cluster pulito.

Elencate tutti i Servizi sul cluster e ottenete il nome di quello appena implementato.

```
$ kubectl    get svc
NAME         TYPE          CLUSTER-IP       EXTERNAL-IP       PORT(S)
cloud-lb     LoadBalancer  10.128.29.224    212.71.236.112    80:30956/TCP
...
```

Eseguite il seguente comando per eliminare Servizio e Pod. Potrebbe volerci qualche secondo prima che l'applicazione si chiuda correttamente e il Pod venga quindi eliminato. Assicuratevi di usare il nome del Servizio del vostro ambiente.

```
$ kubectl delete svc cloud-lb
service "cloud-lb" deleted

$ kubectl delete  pod  first-pod
pod "first-pod" deleted
```

Riepilogo del capitolo

In questo capitolo abbiamo imparato che le applicazioni containerizzate, per funzionare in Kubernetes, devono venire eseguite all'interno di Pod. Per fortuna i Pod sono costrutti leggeri e non vanno a sovraccaricare l'applicazione.

Abbiamo visto un Pod semplice definito in un file YAML e abbiamo imparato a farne il deployment in Kubernetes con kubectl apply. Abbiamo inoltre visto come fare a ispezionare i Pod e gli altri oggetti Kubernetes con kubectl get e kubectl describe.

Infine abbiamo imparato che occorre un Servizio Kubernetes se ci si vuole collegare alle applicazioni che sono in esecuzione nei Pod.

Fin qui ci siamo, abbiamo costruito, fatto il deployment e ci siamo connessi a un'applicazione containerizzata. Ancora non abbiamo visto però l'autoriparazione, la scalabilità o una qualsiasi altra funzionalità cloud native offerta da Kubernetes. Affronteremo tutto ciò nei prossimi capitoli.

7: Capacità di riparazione automatica

In questo capitolo vedremo l'oggetto Deployment Kubernetes e lo useremo per implementare e dimostrare l'autoriparazione.

Il capitolo è organizzato come segue:

- Introduzione ai Deployment Kubernetes
- Autoripararsi dopo un guasto di un Pod
- Autoripararsi dopo un guasto di un Nodo

Introduzione ai Deployment Kubernetes

Nel capitolo 6 abbiamo visto come Kubernetes utilizzi un oggetto *Service* dedicato per fornire la connettività di rete alle applicazioni in esecuzione nei Pod. Esiste un altro oggetto dedicato chiamato *Deployment* che fornisce la funzionalità di *autoriparazione*. I Deployment permettono inoltre la scalabilità e gli aggiornamenti continui.

Così come per i Pod e gli oggetti Service, anche i Deployment sono definiti nei file manifest YAML.

Nella figura 7.1 possiamo vedere il file manifest di un Deployment. La didascalia sul lato destro serve a mostrare come un container sia annidato in un Pod e come il Pod si annidi in un Deployment.

```
apiVersion: apps/v1
kind: Deployment
metadata:
  name: qsk-deploy
spec:
  replicas: 5
  selector:
    matchLabels:
      project: qsk-book
  template:
    metadata:
      labels:
        project: qsk-book
    spec:
      containers:
      - name: hello-pod
        imagePullPolicy: Always
        ports:
        - containerPort: 8080
        image: nigelpoulton/qsk-book:1.0
```

Container | *Pod* | *Deployment*

Figura 7.1

Questo annidamento, anche detto *wrapping*, è importante per capire il funzionamento generale.

- Il container fornisce il sistema operativo e le altre dipendenze delle applicazioni
- Il Pod fornisce i metadati e altri costrutti che permettono al container di essere eseguito su Kubernetes
- Il Deployment fornisce degli strumenti cloud native, inclusa l'autoriparazione

Come funzionano i Deployment

Al funzionamento di un Deployment contribuiscono due elementi importanti:

1. L'oggetto Deployment
2. Il controller dei Deployment

L'*oggetto Deployment* è la configurazione YAML che definisce un'applicazione. Questo illustra quale container eseguire, su quale porta di rete rimanere in ascolto e quante istanze (Pod) implementare.

Il *controller dei Deployment* è un processo del control plane che monitora costantemente il cluster per assicurare che tutti gli oggetti Deployment funzionino come previsto.

Facciamo un esempio veloce.

In un manifest di deployment Kubernetes definite un'applicazione. Si definiscono 5 istanze di un Pod chiamato zephyr-one. Con kubectl lo inviate a Kubernetes e quest'ultimo programma l'esecuzione di 5 Pod sul cluster.

A questo punto lo *stato osservato* coincide con lo *stato desiderato*. In parole povere, il cluster sta eseguendo correttamente quello che gli è stato chiesto. Mettiamo che si verifichi un guasto in un Nodo e che il numero di Pod zephyr-one scenda a 4. Lo *stato osservato* non coinciderà più con lo *stato desiderato* e avrete un problema.

Nessuna paura. Il controller dei Deployment che sorveglia il cluster noterà il cambiamento, sa che volete 5 Pod ma ne vede solo 4. Farà quindi partire un quinto Pod per riportare lo *stato osservato* di nuovo in linea con lo *stato desiderato*. Questo processo si chiama *riconciliazione*.

Vediamolo in azione.

Autoripararsi dopo un guasto di un Pod

In questa sezione, faremo il deployment di 5 repliche di un Pod attraverso un Deployment Kubernetes. Successivamente, elimineremo manualmente un Pod e osserveremo come Kubernetes si autoripara.

Useremo il manifest deploy.yml nella radice del repository GitHub. Come si vede nel frammento seguente, il manifest definisce 5 repliche Pod che eseguono l'applicazione containerizzata nei capitoli precedenti. Per permettervi di comprenderlo meglio, il codice YAML è annotato a margine.

```
kind: Deployment                      <<== Tipo di oggetto definito
apiVersion: apps/v1                   <<== Versione della specifica dell'oggetto
metadata:
  name: qsk-deploy
spec:
  replicas: 5                         <<== Numero di repliche Pod
  selector:
    matchLabels:                      <<== Dice al controller dei Deployment
      project: qsk-book               <<== quali Pod gestire
  template:
    metadata:
      labels:
        project: qsk-book             <<== label del Pod
    spec:
      containers:
      - name: qsk-pod
        imagePullPolicy: Always              <<== Non usare immagini locali
        ports:
        - containerPort: 8080                <<== Porta di rete
        image: nigelpoulton/qsk-book:1.0     <<== Immagine contenente l'app
```

Terminologia: i termini *Pod, istanza* e *replica* indicano la stessa cosa: un'istanza di un Pod che esegue un'applicazione containerizzata. Normalmente uso il termine "replica".

Controllate se ci sono altri Pod e Deployment in esecuzione sul cluster.

```
$ kubectl get pods
No resources found in default namespace.

$ kubectl get deployments
No resources found in default namespace.
```

Utilizzate ora kubectl per implementare il Deployment sul cluster. Il comando deve partire dalla cartella contenente il file deploy.yml.

```
$ kubectl apply -f deploy.yml
deployment.apps/qsk-deploy created
```

Controllate lo stato del Deployment e dei Pod gestiti.

```
$ kubectl get deployments
NAME         READY  UP-TO-DATE   AVAILABLE   AGE
qsk-deploy   5/5    5            5           4m
```

```
$ kubectl get pods
NAME                   READY   STATUS    RESTARTS  AGE
qsk-deploy-6999...wv8   0/1     Running   0         4m
qsk-deploy-6999...9nl   0/1     Running   0         4m
qsk-deploy-6999...g8t   0/1     Running   0         4m
qsk-deploy-6999...xp7   0/1     Running   0         4m
qsk-deploy-6999...l7f   0/1     Running   0         4m
```

Si può osservare come 5 repliche su 5 siano in funzione e pronte. Nel frattempo il controller dei Deployment è in esecuzione nel control plane e tiene sott'occhio lo stato delle cose.

Guasto di un Pod

Può accadere che nei Pod e nelle applicazioni che eseguono si verifichino degli arresti anomali o degli errori. Kubernetes può *provare* ad autoriparare una situazione del genere lanciando un nuovo Pod per sostituire quello che ha dato errore.

Usate il comando kubectl delete pod per eliminare manualmente uno dei Pod (controllate il precedente output di kubectl get pods per l'elenco dei nomi dei Pod).

```
$ kubectl delete pod qsk-deploy-69996c4549-r59nl
pod "qsk-deploy-69996c4549-r59nl" deleted
```

Una volta eliminato il Pod, il loro numero complessivo nel cluster scenderà a 4 e non coinciderà più con lo *stato desiderato* di 5. Il controller dei Deployment, accortosi di ciò, avvierà un nuovo Pod per riportare il numero osservato a 5.

Elencate di nuovo i Pod per vedere se è stato avviato un nuovo Pod.

```
$ kubectl get pods
NAME                             READY  STATUS    RESTARTS  AGE
qsk-deploy-69996c4549-mwl7f      1/1    Running   0         20m
qsk-deploy-69996c4549-9xwv8      1/1    Running   0         20m
qsk-deploy-69996c4549-ksg8t      1/1    Running   0         20m
qsk-deploy-69996c4549-qmxp7      1/1    Running   0         20m
qsk-deploy-69996c4549-hd5pn      1/1    Running   0         5s
```

Complimenti! Ci sono 5 Pod funzionanti e Kubernetes ha eseguito un'autoriparazione senza necessità di nessun intervento da parte vostra.

Notate come l'ultimo Pod dell'elenco è in esecuzione solo da 5 secondi. Si tratta proprio del Pod di rimpiazzo che Kubernetes ha generato per ritornare allo stato desiderato.

Vediamo come Kubernetes gestisce un guasto di un Nodo.

Autoripararsi dopo un guasto di un Nodo

Quando si verifica il guasto di un Nodo, tutti i Pod che esegue vengono persi. Se questi Pod sono gestiti da un controller, come per esempio quello dei Deployment, dei sostituti verranno avviati su altri Nodi del cluster.

> **Nota:** se il vostro cluster si trova su un cloud che implementa *pool di nodi*, anche il Nodo su cui si è verificato un errore potrebbe essere sostituito. Ma in questo caso non si tratta di una funzionalità che riguarda il Deployment ma piuttosto i pool di nodi e l'infrastruttura cloud.

Per seguire questa sezione è necessario avere un cluster multi nodo e la possibilità di eliminare dei Nodi. Il cluster multi nodo costruito su Linode Kubernetes Engine nel Capitolo 3 è utile a questo scopo. Se invece state usando un cluster Docker Desktop a Nodo singolo, dovrete accontentarvi di seguire solamente leggendo.

Il seguente comando elenca tutti i Pod del vostro cluster e il Nodo su cui è eseguito ciascun Pod. L'output del comando è stato sfoltito per poterlo inserire meglio nel libro.

```
$ kubectl get    pods -o  wide
NAME             READY    STATUS    <Snip>    NODE
qsk...mwl7f      1/1      Running   ...       lke...98
qsk...9xwv8      1/1      Running   ...       lke...98
qsk...ksg8t      1/1      Running   ...       lke...1a
qsk...qmxp7      1/1      Running   ...       lke...1a
qsk...hd5pn      1/1      Running   ...       lke...1a
```

Notate come su entrambi i Nodi siano in esecuzione più Pod. Il passaggio successivo eliminerà un Nodo e tutti i Pod a esso collegati. Nell'esempio verrà eliminato il Nodo lke...98.

Il processo che segue mostra come eliminare un Nodo del cluster su un Linode Kubernetes Engine (LKE). Eliminando un Nodo si simula un guasto improvviso in un Nodo.

1. Osservate il vostro cluster LKE nella Linode Cloud Console
2. Scorrete verso il basso fino a Node Pools
3. Fate clic su uno dei Nodi per espanderne la vista
4. Fate clic sui tre punti ed eliminate il Nodo come mostrato nella Figura 7.2

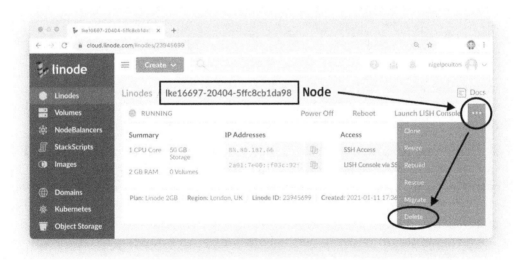

Figura 7.2

Verificate che il Nodo sia stato eliminato. Se aspettate troppo a lungo prima di dare i comandi seguenti, LKE sostituirà il Nodo eliminato. Ci potrebbero volere un paio di minuti affinché il Nodo mancante appaia nell'output del comando.

```
$ kubectl get nodes
NAME                 STATUS     ROLES      AGE VERSION
Ike...1a             Ready      <none>     3d1h  v1.23.1
Ike...98             NotReady              3d1h  v1.23.1
```

Appena Kubernetes vedrà il Nodo nello stato NotReady noterà anche il Pod o i Pod mancanti e inizierà a creare dei sostituti. Verifichiamolo. Potrebbero volerci alcuni secondi prima che il Pod sostitutivo raggiunga lo stato Running.

```
$ kubectl get    pods
NAME             READY  STATUS            <Snip>   NODE
qsk...ksg8t      1/1    Running           ...      Ike...1a
qsk...qmxp7      1/1    Running           ...      Ike...1a
qsk...hd5pn      1/1    Running           ...      Ike...1a
qsk...6bqmk      0/1    ContainerCreating ...      Ike...1a
qsk...ps9nt      0/1    ContainerCreating ...      Ike...1a
```

<short time lapse>

```
$ kubectl get deployments
NAME        READY UP-TO-DATE  AVAILABLE  AGE
qsk-deploy  5/5   5           5          18m
```

L'output mostra come Kubernetes abbia creato due nuovi Pod per sostituire quelli persi quando il Nodo Ike...98 è stato eliminato. Tutti i nuovi Pod sono stati pianificati in Ike...1a in quanto unico Nodo funzionante nel cluster.

Dopo alcuni minuti, LKE avrà sostituito il Nodo eliminato e restituito due Nodi al cluster. Si tratta di una funzionalità di LKE e non dell'oggetto Deployment Kubernetes. Funziona perché l'implementazione dei *pool di nodi* di LKE prevede la nozione di *stato desiderato*. Creando il cluster sono stati richiesti due Nodi. Nel momento in cui uno dei due è stato eliminato, LKE ha notato il cambiamento nello stato e ha aggiunto un nuovo Nodo nel cluster per riportare lo stato osservato in linea con quello desiderato.

Pur avendo riportato il cluster a due Nodi, Kubernetes non ricolloca i Pod su tutti e due i Nodi. Di conseguenza, vi ritroverete con un cluster a due Nodi ma con 5 Pod in esecuzione su un solo di essi.

Riepilogo del capitolo

In questo capitolo abbiamo imparato che Kubernetes ha un oggetto chiamato Deployment che implementa diverse funzionalità cloud native. Abbiamo visto che esiste un controller dei Deployment in esecuzione sul control plane che si occupa di fare in modo che lo stato corrente del cluster coincida con le vostre richieste.

Abbiamo inoltre visto come i Deployment avvolgano le specifiche di un Pod, così come quest'ultimo avvolge a sua volta un container il quale ospita un'applicazione e le dipendenze.

Abbiamo usato kubectl per fare il deployment di una app attraverso un oggetto Deployment e testato l'autoriparazione. Abbiamo rotto manualmente un Pod e un Nodo e osservato come Kubernetes aggiusti (sostituisca) qualsiasi Pod perduto.

Con Linode Kubernetes Engine abbiamo inoltre sostituito il Nodo eliminato/rotto. Non si tratta di una funzionalità del Deployment Kubernetes e anche altre piattaforme cloud supportano l'autoriparazione dei Nodi che fanno parte di un pool di nodi.

8: Scalabilità dell'applicazione

In questo capitolo useremo un paio di metodi per ridimensionare verso l'alto e verso il basso il numero delle repliche Pod in un Deployment.

I metodi utilizzati sono *manuali* e richiedono l'implementazione da parte di un operatore umano. Kubernetes possiede un oggetto a parte chiamato *Horizontal pod autoscaler (HPA)* per la scalabilità automatica dei pod. Ma qui andiamo oltre la portata di una guida introduttiva.

Il capitolo si divide in:

- Prerequisiti
- Scalabilità manuale verso l'alto
- Scalabilità manuale verso il basso

Prerequisiti

Se avete seguito il libro fin qui, dovreste avere già un cluster Kubernetes che ha in esecuzione 5 repliche di un'applicazione containerizzata. In questo caso, potete passare alla sezione Ridimensionare un'applicazione verso l'alto.

Se non avete seguito il libro fin qui, eseguite il seguente comando per fare il deployment di 5 repliche dell'applicazione containerizzata sul cluster. Assicuratevi di eseguire il comando all'interno della directory che contiene il file deploy.yml.

```
$ kubectl apply -f deploy.yml
deployment.apps/qsk-deploy created
```

Eseguite un comando kubectl get deployments per verificare che l'applicazione sia in esecuzione.

```
$ kubectl    get deployments
NAME         READY UP-TO-DATE  AVAILABLE  AGE
qsk-deploy   5/5   5           5          4m
```

Appena avrete tutte e cinque le repliche operative, potete passare alla sezione successiva.

Ridimensionare un'applicazione verso l'alto

In questa sezione modificheremo manualmente il file YAML del Deployment aumentando il numero delle repliche a 10, quindi lo invieremo nuovamente a Kubernetes.

Controllate il numero attuale di repliche.

```
$ kubectl get deployment qsk-deploy
NAME         READY UP-TO-DATE  AVAILABLE  AGE
qsk-deploy   5/5   5           5          4h33m
```

Nel file deploy.yml, impostate il campo spec.replicas a 10 e **salvate le modifiche**.

```
apiVersion: apps/v1
kind: Deployment
metadata:
  name: qsk-deploy
spec:
  replicas: 5                 <<== Cambiatelo a 10
  selector:
    matchLabels:
      project: qsk-book
<Snip>
```

Usate kubectl per rinviare il file aggiornato a Kubernetes. Una volta ricevuto il file, Kubernetes cambierà lo *stato desiderato* impostato da 5 a 10 repliche. Il controller dei Deployment vedrà le 5 repliche sul cluster e noterà che non coincidono con il nuovo stato desiderato di 10. Farà partire quindi 5 nuove repliche per riportare lo stato osservato in linea con quello desiderato.

Assicuratevi di salvare le modifiche.

```
$ kubectl apply -f deploy.yml
deployment.apps/qsk-deploy configured
```

Eseguite un paio di comandi per controllare lo stato del Deployment e il numero dei Pod.

```
$ kubectl get deployment qsk-deploy
NAME          READY    UP-TO-DATE    AVAILABLE   AGE
qsk-deploy    10/10    10            10          4h43m
```

```
$ kubectl get pods
NAME                          READY    STATUS     RESTARTS   AGE
qsk-deploy-bbc5cf95d-58r44    1/1      Running    0          4h43m
qsk-deploy-bbc5cf95d-6bqmk    1/1      Running    0          4h26m
qsk-deploy-bbc5cf95d-jlrjc    1/1      Running    0          16s
qsk-deploy-bbc5cf95d-n2t2d    1/1      Running    0          16s
qsk-deploy-bbc5cf95d-npk4c    1/1      Running    0          4h43m
qsk-deploy-bbc5cf95d-plcj2    1/1      Running    0          4h43m
qsk-deploy-bbc5cf95d-ps9nt    1/1      Running    0          4h26m
qsk-deploy-bbc5cf95d-vbxx9    1/1      Running    0          16s
qsk-deploy-bbc5cf95d-wpx2h    1/1      Running    0          16s
qsk-deploy-bbc5cf95d-zr2jp    1/1      Running    0          16s
```

Potrebbero volerci alcuni secondi prima che i nuovi Pod si avviino, potete identificarli in base alla loro età.

Se avete seguito gli esempi del capitolo precedente, i 5 nuovi Pod probabilmente saranno stati pianificati sul nuovo Nodo. L'intelligenza di Kubernetes sta nell'aver pianificato i nuovi Pod in modo tale che tutti e 10 siano bilanciati su tutti i Nodi disponibili nel cluster.

Complimenti! Avete ridimensionato manualmente l'applicazione passando da 5 a 10 repliche.

Ridimensionare un'applicazione verso il basso

In questo capitolo useremo kubectl per ridimensionare il numero di Pod da 10

a 5. Eseguite il seguente comando:

```
$ kubectl scale --replicas 5 deployment/qsk-deploy
deployment.apps/qsk-deploy scaled
```

Controllate il numero di Pod. Come al solito, potrebbero volerci alcuni secondi prima che lo stato del cluster si stabilizzi.

```
$ kubectl get pods
qsk-deploy-bbc5cf95d-58r44    1/1    Running    0    4h55m
qsk-deploy-bbc5cf95d-6bqmk    1/1    Running    0    4h37m
qsk-deploy-bbc5cf95d-npk4c    1/1    Running    0    4h55m
qsk-deploy-bbc5cf95d-plcj2    1/1    Running    0    4h55m
qsk-deploy-bbc5cf95d-ps9nt    1/1    Running    0    4h37m
```

Complimenti! Avete ridimensionato manualmente l'applicazione passando da 10 a 5 repliche.

Operazione di pulizia importante

Eseguire delle operazioni di scalabilità con kubectl scale può comportare dei rischi.

Se avete seguito fin qui, avete ora 5 repliche in esecuzione sul cluster. Il file deploy.yml però ancora ne definisce 10. Se in futuro doveste modificare il file deploy.yml per specificare una nuova versione dell'immagine container, rimandandolo a Kubernetes vi succederà di aumentare involontariamente di nuovo il numero delle repliche a 10.

Nel mondo reale occorre fare molta attenzione perché ciò potrebbe causare seri problemi. Consapevoli di ciò, in genere è consigliabile scegliere un solo metodo per eseguire tutte le operazioni di aggiornamento. Quindi o attraverso la CLI o modificando i file YAML. È preferibile il secondo metodo, modificando i file YAML e inviandoli di nuovo a Kubernetes.

Modificate il file deploy.yml per impostate il numero di repliche di nuovo a 5 e salvate le modifiche. Ora il numero di repliche coincide con quanto implementato sul cluster.

Riepilogo del capitolo

In questo capitolo abbiamo imparato come ridimensionare manualmente un Deployment modificando il file YAML. Abbiamo inoltre visto come effettuare operazioni di scalabilità usando il comando kubectl scale.

Abbiamo visto il tentativo da parte di Kubernetes di bilanciare i nuovi Pod su tutti i Nodi del cluster. Kubernetes ha inoltre un altro oggetto che può ridimensionare i Pod *automaticamente* sulla base della domanda.

9: Eseguire aggiornamenti continui

In questo capitolo, eseguiremo un *aggiornamento continuo senza tempi di inattività*. Se non avete idea di cosa si tratti, ottimo! Lo state per scoprire.

Il capitolo è diviso come segue:

- Prerequisiti
- Aggiornamento dell'applicazione

Tutti i passaggi di questo capitolo possono essere completati con i cluster Docker Desktop e Linode Kubernetes Engine (LKE) costruiti nel Capitolo 3. È possibile usare anche altri cluster Kubernetes.

Prerequisiti

Se avete seguito passo passo tutti i capitoli precedenti, avrete tutto quello che serve per completare questo capitolo. Se questo è il vostro caso, passate alla prossima sezione.

Se non avete seguito i capitoli precedenti, i seguenti passaggi vi aiuteranno a impostare un vostro lab.

1. Scegliete un cluster Kubernetes e configurate kubectl (vedi Capitolo 3).
2. Copiate il repository GitHub del libro (vedi Capitolo 5).
3. Fate il deployment dell'applicazione e del Servizio di esempio con i comandi che seguono.

Quest'ultimi devono essere eseguiti dalla cartella che contiene i file YAML.

Esempio con Docker Desktop/cluster locale

```
$ kubectl apply -f deploy.yml -f svc-local.yml
deployment.apps/qsk-deploy created
service/svc-local created
```

Esempio con Kubernetes Engine (LKE)/cluster cloud

```
$ kubectl apply -f deploy.yml -f svc-cloud.yml
deployment.apps/qsk-deploy      created service/cloud-lb created
```

Eseguite il comando kubectl get deployments e kubectl get svc per assicurarvi che applicazione e Servizio siano in esecuzione.

```
$ kubectl get deployments
NAME          READY   UP-TO-DATE   AVAILABLE   AGE
qsk-deploy    5/5     5            5           4m


NAME        TYPE       CLUSTER-IP      EXTERNAL-IP  PORT(S)        AGE
svc-local   NodePort   10.128.97.167   <none>       8080:31111/TCP 4m
```

Ci può volere qualche minuto prima che i Pod entrino nella fase running ma, appena lo sono, si può procedere alla sezione successiva.

Aggiornamento dell'applicazione

L'applicazione è ora in esecuzione con 5 repliche. Lo si può verificare con kubectl get deployments.

Configureremo un aggiornamento continuo che forzi Kubernetes ad aggiornare, in maniera metodica, una replica per volta fino a che tutte e 5 le repliche non eseguano la nuova versione. Kubernetes offre molte opzioni per il controllo dell'aggiornamento ma qui non andremo oltre e vi lasceremo approfondire, a vostro piacimento, le opzioni più avanzate.

Completeremo i seguenti passaggi.

1. Modificare il file deploy.yml per specificare la nuova versione e per configurare le impostazioni dell'aggiornamento

2. Inviare di nuovo il file YAML a Kubernetes

3. Osservare il processo

4. Testare la nuova versione dell'applicazione

Modificare il file YAML di deployment

Aprite il file deploy.yml e cambiate l'ultima riga (26) facendo riferimento alla versione 1.1 dell'immagine. Aggiungete inoltre le 6 nuove righe (10-15) come mostrato nell'elenco seguente.

```
1  apiVersion: apps/v1
2  kind: Deployment
3  metadata:
4    name: qsk-deploy
5  spec:
6    replicas: 5
7    selector:
8      matchLabels:
9        project: qsk-book
10   minReadySeconds: 20          <<== Linea da aggiungere
11   strategy:                    <<== Linea da aggiungere
12     type: RollingUpdate        <<== Linea da aggiungere
13     rollingUpdate:             <<== Linea da aggiungere
14       maxSurge: 1              <<== Linea da aggiungere
15       maxUnavailable: 0        <<== Linea da aggiungere
16   template:
17     metadata:
18       labels:
19         project: qsk-book
20     spec:
21       containers:
22       - name: hello-pod
23         imagePullPolicy: Always
24         ports:
25         - containerPort: 8080
26         image: nigelpoulton/qsk-book:1.1          <<== Impostare a 1.1
```

Spiegheremo a cosa servono le nuove righe a breve. Per il momento soffermiamoci su un paio di punti relativi agli aggiornamenti.

YAML è estremamente pignolo per quanto riguarda i rientri. Assicuratevi quindi che ogni nuova riga abbia il corretto numero di *spazi* di rientro. Attenzione perché il file usa gli spazi e **non i tab** per i rientri. Non si possono mischiare tab e spazi nello stesso file ma **vanno sempre usati esclusivamente gli spazi**.

In Kubernetes va fatta molta attenzione anche all'uso della *notazioneCammello* e la *NotazionePascal*. Assicuratevi di usare sempre la giusta ortografia per tutto il testo.

In caso di problemi con il file, nel repository GitHub esiste una versione precompilata che si chiama rolling-update.yml. Potete usare quest'ultima.

Salvate le modifiche.

Capire le impostazioni dell'aggiornamento

Il passo successivo consisterà nell'inviare il file aggiornato a Kubernetes. Ma prima vediamo in cosa consistono le righe che abbiamo aggiunto.

```
10    minReadySeconds: 20
11    strategy:
12      type: RollingUpdate
13      rollingUpdate:
14        maxSurge: 1
15        maxUnavailable: 0
```

Nella riga 10 minReadySeconds dice a Kubernetes di aspettare 20 secondi dopo l'aggiornamento di ogni replica. Quindi... Kubernetes aggiorna la prima replica, aspetta 20 secondi, aggiorna la seconda replica, aspetta 20 secondi, aggiorna la terza... e così via.

Questo tempo di attesa vi dà la possibilità di eseguire dei test e assicurarvi che le nuove repliche stiano funzionando come previsto. Nella pratica reale probabilmente aspetterete più di 20 secondi.

Non si tratta per altro di un semplice *aggiornamento* delle repliche. Kubernetes elimina la replica esistente e la sostituisce con una nuova che esegue la nuova versione.

Le righe 11 e 12 costringono Kubernetes a eseguire tutti gli aggiornamenti di questo Deployment come *aggiornamenti continui*.

Le righe 14 e 15 costringono Kubernetes ad aggiornare un Pod alla volta. Ovvero...

La riga 14 permette a Kubernetes di aggiungere un Pod extra durante un'operazione di aggiornamento. Avendo 5 Pod, Kubernetes può aumentarne il numero a 6 durante l'aggiornamento. La riga 15 impedisce a Kubernetes di ridurre il numero di Pod durante un aggiornamento. Avendo chiesto 5 Pod, Kubernetes non può andare sotto questa soglia. Combinate, le righe 14 e 15 costringono Kubernetes ad aggiornare (sostituire) un Pod alla volta.

Eseguire l'aggiornamento continuo

Assicuratevi di aver salvato le modifiche prima di inviare il file aggiornato a Kubernetes.

```
$ kubectl apply -f deploy.yml
deployment.apps/qsk-deploy configured
```

Kubernetes inizierà a sostituire i Pod uno alla volta, con una pausa di 20 secondi tra l'uno e l'altro.

Monitorare e controllare l'aggiornamento continuo

Attraverso il seguente comando si possono monitorare i progressi del processo. L'output è stato sfoltito per farlo entrare nella pagina.

```
$ kubectl rollout status deployment qsk-deploy
Waiting for rollout to finish: 1 out of 5 have been updated...
Waiting for rollout to finish: 1 out of 5 have been updated...
Waiting for rollout to finish: 2 out of 5 have been updated...
Waiting for rollout to finish: 2 out of 5 have been updated...
Waiting for rollout to finish: 3 out of 5 have been updated...
Waiting for rollout to finish: 3 out of 5 have been updated...
Waiting for rollout to finish: 4 out of 5 have been updated...
Waiting for rollout to finish: 4 out of 5 have been updated...
Waiting for rollout to finish: 2 old replicas are pending termination...
Waiting for rollout to finish: 1 old replicas are pending termination...
deployment "qsk-deploy" successfully rolled out
```

Potete puntare il vostro browser web sull'applicazione e aggiornare di continuo la pagina. Alcune delle vostre richieste mostreranno la versione originale dell'applicazione e altre la nuova. Una volta aggiornate tutte e 5 le repliche, tutte le richieste mostreranno la nuova versione.

Figura 9.1

Complimenti! Avete eseguito l'aggiornamento continuo di un'applicazione.

Pulizia del cluster

Siamo arrivati alla fine del libro! Complimenti, ora conoscete i principi fondamentali di Kubernetes e del cloud native.

I comandi che seguono mostrano come eliminare il Deployment e il Servizio dal vostro cluster.

Assicuratevi di usare il nome del Servizio corretto per il cluster.

```
$ kubectl delete deployment qsk-deploy
deployment.apps "qsk-deploy" deleted

$ kubectl delete svc cloud-lb
service "cloud-lb" deleted
```

Se il vostro cluster è nel cloud, **assicuratevi di eliminarlo una volta che non ne avete più bisogno**. In caso contrario ci potrebbero essere dei costi indesiderati.

Riepilogo del capitolo

In questo capitolo abbiamo visto come eseguire un aggiornamento continuo di un'applicazione implementata attraverso un oggetto Deployment Kubernetes.

Abbiamo modificato il file di Deployment YAML e aggiunto delle istruzioni che controllano il modo in cui l'aggiornamento continuo procede. Abbiamo modificato la versione dell'immagine dell'applicazione e mandato la configurazione aggiornata a Kubernetes. Abbiamo monitorato e verificato l'operazione.

10: Che cosa ci riserva il futuro?

Congratulazioni per aver concluso il libro, spero vi sia stato di aiuto.

Se lo avete letto tutto e avete seguito gli esempi, avrete le basi e sarete pronti per muovere i prossimi passi.

Ecco alcuni suggerimenti e sì, vi raccomanderò alcuni dei miei materiali. Con tutta onestà vi confesso...

- se vi è piaciuto questo libro, amerete anche i prossimi
- ho molti impegni e poco tempo per leggere e testare i materiali altrui

Se invece non vi è piaciuto... mi dispiace enormemente ma lo accetto. Molto probabilmente non vi piaceranno neanche i miei altri lavori. Se vi va, scrivetemi pure e ditemi quello che non vi è piaciuto.

Altri libri

The Kubernetes Book, l'altro mio libro, è in cima ai best seller di Amazon e ha le recensioni migliori tra tutti i libri che trattano di Kubernetes. È un libro scritto con uno stile simile a questo ma copre molto più materiale e in maniera molto più dettagliata. Inoltre viene aggiornato annualmente quindi, se lo comprate, sarete sicuri di rimanere sempre aggiornati.

Figura 10.1

Esiste anche una versione audio che mi dicono essere molto valida.

Ah, c'è anche l'edizione tributo di The Kubernetes Book in Klingon! Ha la copertina scritta in Klingon e contiene un'introduzione speciale. Il resto del libro è in inglese. Se siete fan di Star Trek, non potete lasciarvelo sfuggire.

Figura 10.2

Corsi video

Sono un forte sostenitore dei video corsi. È molto più semplice spiegare e farlo in maniera divertente attraverso i video.

Qui di seguito ve ne consiglio alcuni, su entrambe le piattaforme è possibile provare i video prima dell'acquisto.

1. Docker and Kubernetes: The Big Picture (pluralsight.com)
2. Getting Started with Docker (pluralsight.com)
3. Getting Started with Kubernetes (pluralsight.com)

4. Kubernetes Deep Dive (acloud.guru)

Qui potere vedere l'elenco di tutti i miei video corsi: nigelpoulton.com/video-courses

Eventi

Mi piace molto partecipare agli eventi della comunità. In generale preferisco quelli in presenza ma, negli ultimi due anni, ho partecipato anche a dei validi eventi in live stream.

Su tutti preferisco l'evento in presenza KubeCon e, se possibile, vi invito caldamente a partecipare.

Unitevi anche ai meet up della vostra comunità locale. Fate una ricerca su Google con le seguenti parole chiave e trovatene uno a voi vicino.

- "Meet up Kubernetes vicino"
- "Meet up Cloud native vicino"

Ovviamente prima di fare queste ricerche disabilitate la VPN o altri strumenti di privacy del browser ;-)

Mettiamoci in contatto

Mi piace rimanere in contatto con i miei lettori. Ovviamente non posso fornirvi aiuto tecnico gratuito ma mi farebbe molto piacere aiutarvi se avete qualche difficoltà con le nozioni di base. Non abbiate paura di farvi sentire, sono un tipo simpatico :-D

- twitter.com/nigelpoulton
- https://www.linkedin.com/in/nigelpoulton/

Se vi è piaciuto il libro, spargete la voce!

Sarebbe fantastico se poteste lasciare una recensione e una valutazione su Amazon - anche se non si tratta di 5 stelle. Potete lasciare una recensione su Amazon anche se avete comprato il libro da qualche altra parte!

Lunga vita e prosperità. Ciao.

Appendice A: Codice degli esercizi

Questa appendice raccoglie tutte le esercitazioni pratiche del libro, in ordine. Presume la presenza di un cluster Kubernetes, l'installazione di Docker e Git e la configurazione di kubectl per interagire con il cluster.

Ho raccolto qui tutti gli esercizi per facilitarne la consultazione nel caso vogliate fare della pratica extra. Vi sarà utile anche se volete cercare un particolare comando e non vi ricordate in quale capitolo è stato spiegato.

Capitolo 5: Creare un'applicazione basata su container

Copiare il repository GitHub del libro.

```
$ git clone   https://github.com/nigelpoulton/qsk-book.git
Cloning into 'qsk-book'...
```

Spostarsi nella directory qsk-book/App e dare il comando ls per elencarne il contenuto.

```
$ cd qsk-book/App

$ ls
Dockerfile     app.js      bootstrap.css
package.json   views
```

Eseguire il seguente comando per costruire l'immagine container a partire dal repository dell'applicazione. Il comando va dato all'interno della directory App. Se possedete un account Docker Hub, assicuratevi di usare il vostro ID Docker.

```
$ docker image build -t nigelpoulton/qsk-book:1.0 .
```

```
[+]  Building  66.9s (8/8) FINISHED                    0.1s
<Snip>
=>  naming to docker.io/nigelpoulton/qsk-book:1.0       0.0s
```

Verificare la presenza dell'immagine sulla vostra macchina locale.

```
$ docker image ls
REPOSITORY              TAG      IMAGE ID        CREATED         SIZE
nigelpoulton/qsk-book   1,0      e4477597d5e4    3 minutes ago   177MB
```

Eseguire il push dell'immagine su Docker Hub. Per funzionare, questo step richiede un account Docker. Ricordatevi di sostituire l'ID Docker Hub con il vostro.

```
$ docker image push nigelpoulton/qsk-book:1.0
```

```
f4576e76ed1: Pushed
ca60f24a8154: Pushed
0dcc3a6346bc:  Mounted   from   library/node
6f2e5c7a8f99:  Mounted   from   library/node
6752c6e5a2a1:  Mounted   from   library/node
79c320b5a45c:  Mounted   from   library/node
e4b1e8d0745b: Mounted from library/node
1.0: digest: sha256:7c593...7198f1 size: 1787
```

Capitolo 6: Eseguire un'applicazione in Kubernetes

Elencare i Nodi del vostro cluster K8.

```
$ kubectl get nodes
NAME                          STATUS  ROLES    AGE VERSION
lke16405-20053-5ff63e4400b7   Ready   <none>   5m  v1.23.1
lke16405-20053-5ff63e446413   Ready   <none>   5m  v1.23.1
```

Il seguente comando deve essere eseguito dalla radice del repository GitHub. Se al momento ci si trova nella directory App, eseguire il comando "cd .." per tornare su di un livello.

Fare il deployment dell'applicazione definita in pod.yml.

```
$ kubectl apply -f pod.yml
pod/first-pod created
```

Controllare che il Pod sia in esecuzione.

```
$ kubectl    get pods
NAME        READY STATUS   RESTARTS   AGE
first-pod   1/1   Running  0          8s
```

Ottenere informazioni dettagliate sul Pod in esecuzione. L'output è stato tagliato.

```
$ kubectl describe pod first-pod

Name:        first-pod
Namespace:   default
Node:        docker-desktop/192.168.65.3
Labels:      project=qsk-book
Status:      Running
IPs:
  IP:   10.1.0.11
<Snip>
```

Fare il deployment del Servizio. Se si esegue il cluster sul proprio laptop, usare svc-local.yml. Se il proprio cluster si trova nel cloud, usare svc-cloud.yml.

```
$ kubectl apply -f svc-cloud.yml'
service/cloud-lb created
```

Controllare l'IP esterno (IP pubblico) del Servizio. Se il proprio Servizio è in esecuzione sul cloud, si avrà un solo IP esterno.

```
$ kubectl    get svc
NAME         TYPE           CLUSTER-IP       EXTERNAL-IP      PORT(S)
cloud-lb     LoadBalancer   10.128.29.224    212.71.236.112   80:30956/TCP
```

Ci si potrà collegare all'applicazione attraverso il browser. Per maggiori dettagli, si veda il Capitolo 6.

Eseguire il seguente comando per eliminare Pod e Servizio.

```
$ kubectl delete svc cloud-lb
service "cloud-lb" deleted
```

```
$ kubectl delete  pod  first-pod
pod "first-pod" deleted
```

Capitolo 7: Capacità di riparazione automatica

Eseguire il seguente comando per fare il deployment dell'applicazione specificata in deploy.yml.

```
$ kubectl apply -f deploy.yml
deployment.apps/qsk-deploy created
```

Controllare lo stato del Deployment e dei Pod gestiti.

```
$ kubectl get deployments
NAME          READY  UP-TO-      AVAILABLE  AGE
DATE                              5          4m
qsk-deploy    5/5    5

$ kubectl get pods
NAME                  READY  STATUS   RESTARTS  AGE
qsk-deploy-6999...wv8  0/1    Running  0         4m
qsk-deploy-6999...9nl  0/1    Running  0         4m
qsk-deploy-6999...g8t  0/1    Running  0         4m
qsk-deploy-6999...xp7  0/1    Running  0         4m
qsk-deploy-6999...l7f  0/1    Running  0         4m
```

Eliminare uno dei Pod. I Pod avranno nomi differenti.

```
$ kubectl delete pod qsk-deploy-69996c4549-r59nl
pod "qsk-deploy-69996c4549-r59nl" deleted
```

Elencare i Pod per vedere il nuovo Pod avviato automaticamente da Kubernetes.

```
$ kubectl get pods
NAME                         READY  STATUS   RESTARTS  AGE
qsk-deploy-69996c4549-mwl7f  1/1    Running  0         20m
qsk-deploy-69996c4549-9xwv8  1/1    Running  0         20m
qsk-deploy-69996c4549-ksg8t  1/1    Running  0         20m
qsk-deploy-69996c4549-qmxp7  1/1    Running  0         20m
qsk-deploy-69996c4549-hd5pn  1/1    Running  0         5s
```

Capitolo 8: Scalabilità di un'applicazione

Modificare il file deploy.yml e cambiare il numero delle repliche da 5 a 10. **Salvare le modifiche**.

Inviare di nuovo il deployment a Kubernetes.

```
$ kubectl apply -f deploy.yml
deployment.apps/qsk-deploy configured
```

Controllare lo stato del Deployment.

```
$ kubectl get deployment qsk-deploy
NAME            READY   UP-TO-DATE   AVAILABLE   AGE
qsk-deploy      10/10   10           10          4h43m
```

Ridimensionare verso il basso l'applicazione usando kubectl scale.

```
$ kubectl scale --replicas 5 deployment/qsk-deploy
deployment.apps/qsk-deploy scaled
```

Controllare il numero di Pod.

```
$ kubectl get pods
qsk-deploy-bbc5cf95d-58r44      1/1      Running   0      4h55m
qsk-deploy-bbc5cf95d-6bqmk      1/1      Running   0      4h37m
qsk-deploy-bbc5cf95d-npk4c      1/1      Running   0      4h55m
qsk-deploy-bbc5cf95d-plcj2      1/1      Running   0      4h55m
qsk-deploy-bbc5cf95d-ps9nt      1/1      Running   0      4h37m
```

Modificare il file deploy.yml impostando il numero di repliche di nuovo a 5 e **salvare le modifiche**.

Capitolo 9: Eseguire aggiornamenti continui

Modificare il file deploy.yml e cambiare la versione dell'immagine da 1.0 a 1.1.

Aggiungere le seguenti righe nella sezione spec.

```
minReadySeconds: 20
strategy:
  type: RollingUpdate
  rollingUpdate:
    maxSurge: 1
    maxUnavailable: 0
```

Salvare le modifiche.

Inviare il file aggiornato YAML a Kubernetes.

```
$ kubectl apply -f deploy.yml
deployment.apps/qsk-deploy configured
```

Controllare lo stato dell'aggiornamento continuo.

```
$ kubectl rollout status deployment qsk-deploy
Waiting to finish: 1 out of 5 new replicas have been updated...  Waiting
to finish: 1 out of 5 new replicas have been updated...  Waiting to finish:
2 out of 5 new replicas have been updated...
<Snip>
```

Fare pulizia eliminando gli oggetti Deployment e Servizio.

```
$ kubectl delete deployment qsk-deploy
deployment.apps "qsk-deploy" deleted
```

```
$ kubectl delete svc cloud-lb
service "cloud-lb" deleted
```

Terminologia

Questo glossario contiene alcuni tra i più comuni termini relativi a Kubernetes usati nel libro. Ho incluso solo i termini che compaiono nel libro. Per una copertura più esaustiva di Kubernetes vi consiglio *The Kubernetes Book*.

Se pensiate che abbia dimenticato qualcosa di importante, mandatemi un messaggio:

- https://nigelpoulton.com/contact-us
- qskbook@nigelpoulton.com
- https://twitter.com/nigelpoulton
- https://www.linkedin.com/in/nigelpoulton/

Come sempre... ci sono molte persone che rimangono legate alle loro definizioni dei termini tecnici. Non c'è nessun problema in questo, né voglio sostenere che le mie definizioni siano migliori delle altre, le ho inserite semplicemente affinché siano di aiuto.

Termine	Definizione (secondo Nigel)
Server API	Fa parte del control plane di Kubernetes e viene eseguito sui Master. Tutte le comunicazioni con Kubernetes passano attraverso il Server API. Per esempio i comandi e le risposte di kubectl.
Container	Un'applicazione impacchettata per essere eseguita in Docker o Kubernetes. Oltre che un'applicazione, un container è un sistema operativo virtuale con una sua struttura dei processi, un suo file system, una sua memoria condivisa e molto altro.
Cloud-native	È un termine che può significare cose differenti a seconda delle persone. Personalmente considero un'applicazione *cloud native* se è in grado di autoripararsi, di ridimensionarsi a richiesta, di poter essere aggiornata in maniera continua e di ritornare allo stato precedente. Di solito si tratta di applicazioni di microservizi eseguibili su Kubernetes.
Runtime del container	È un software di livello inferiore in esecuzione su ogni Nodo del cluster, è responsabile del pull delle immagini container e dell'avvio e interruzione dei container. Il più famoso è Docker, anche se **containerd** sta diventando il più diffuso container runtime usato da Kubernetes.

Termine	Definizione (secondo Nigel)
Controller	Un processo ciclico del control plane che ha funzioni di riconciliazione, monitora il cluster e fa le necessarie modifiche affinché lo stato osservato del cluster coincida con lo stato desiderato.
Cluster store	Una funzionalità del control plane che contiene lo stato del cluster e delle applicazioni.
Deployment	Un Controller che esegue il deployment e amministra un set di Pod stateless. Esegue gli aggiornamenti continui, il ripristino dello stato precedente e può autoripararsi.
Stato desiderato	Definisce come dovrebbero essere il cluster e le app. Ad esempio, lo *stato desiderato* di un microservizio applicativo potrebbe essere di 5 repliche del container xyz in ascolto sulla porta 8080/tcp.
K8s	Forma abbreviata di Kubernetes. L'otto sta per i caratteri che intercorrono tra la "K" e la "s" nella parola Kubernetes. Si pronuncia "Kates". Ecco spiegata la ragione per cui si dice che la fidanzata di Kubernetes si chiami Kate.
Kubectl	È lo strumento da riga di comando di Kubernetes. Manda i comandi al Server API e interroga lo stato attraverso il Server API.
Kubelet	Il principale agent Kubernetes in esecuzione su ogni Nodo del cluster. Monitora il Server API per l'assegnazione di nuovi compiti e mantiene aperto un canale di comunicazione.
Label	Metadati applicati agli oggetti al fine di raggrupparli. Ad esempio, i Servizi mandano del traffico ai Pod sulla base di label corrispondenti.
File manifest	File YAML che contiene la configurazione di uno o più oggetti Kubernetes. Ad esempio, il manifest di un servizio è in genere un file YAML che contiene la configurazione di un oggetto Service. Quando si invia un file manifest al Server API, la sua configurazione viene implementata sul cluster.
Master	Nodo del cluster che esegue i servizi del Control Plane. La mente di un cluster Kubernetes. È consigliabile fare il deployment di 3 o 5 Master per avere un'elevata disponibilità.

Termine	Definizione (secondo Nigel)
Microservizi	Uno schema progettuale per applicazioni moderne. Le funzionalità dell'applicazione sono suddivise in ulteriori piccole applicazioni (microservizi/container) e comunicano attraverso le API. Lavorano insieme per formare un'applicazione funzionale.
Nodo	Chiamato anche Nodo Worker. I Nodi di un cluster che esegue applicazioni utente. È necessario che esegua un processo kubelet e un container runtime.
Stato osservato	Chiamato anche *stato corrente* o *stato attuale*. La visualizzazione più aggiornata del cluster e delle applicazioni in esecuzione.
Orchestrator	Un software che esegue il deployment e gestisce le applicazioni basate su microservizi. Kubernetes è l'orchestrator di applicazioni di microservizi basate su container.
Pod	Un involucro leggero (wrapper) che permette ai container di venire eseguiti su Kubernetes. È definito da un file YAML.
Ciclo di riconciliazione	Un processo del Controller che, attraverso il server API, sorveglia lo stato del cluster assicurando la coincidenza tra stato osservato e stato desiderato. Il controller dei Deployment esegue un ciclo di riconciliazione.
Servizio	Con l'iniziale maiuscola. Un oggetto Kubernetes che fornisce accesso di rete alle applicazioni in esecuzione nei Pod. Permette l'integrazione con le piattaforme cloud ed effettua il provisioning di load balancer connessi a internet.
YAML	Yet Another Markup Language. Il linguaggio di configurazione con cui sono scritti i file di configurazione di Kubernetes.

Indice

~~Fine.~~ L'inizio...

...del capitolo più entusiasmante della vostra carriera!

www.ingramcontent.com/pod-product-compliance
Lightning Source LLC
LaVergne TN
LVHW080100070326
832902LV00014B/2346